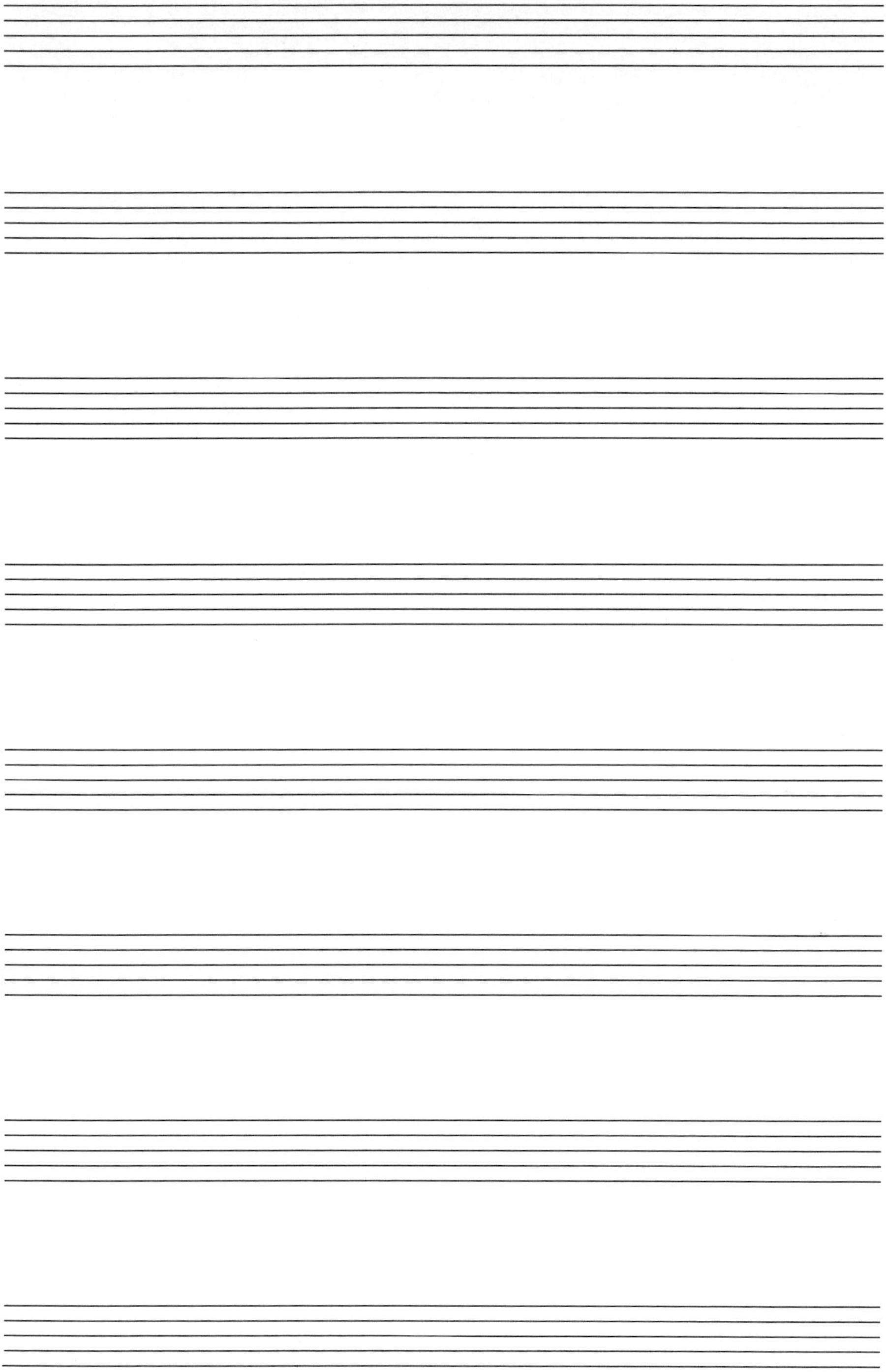

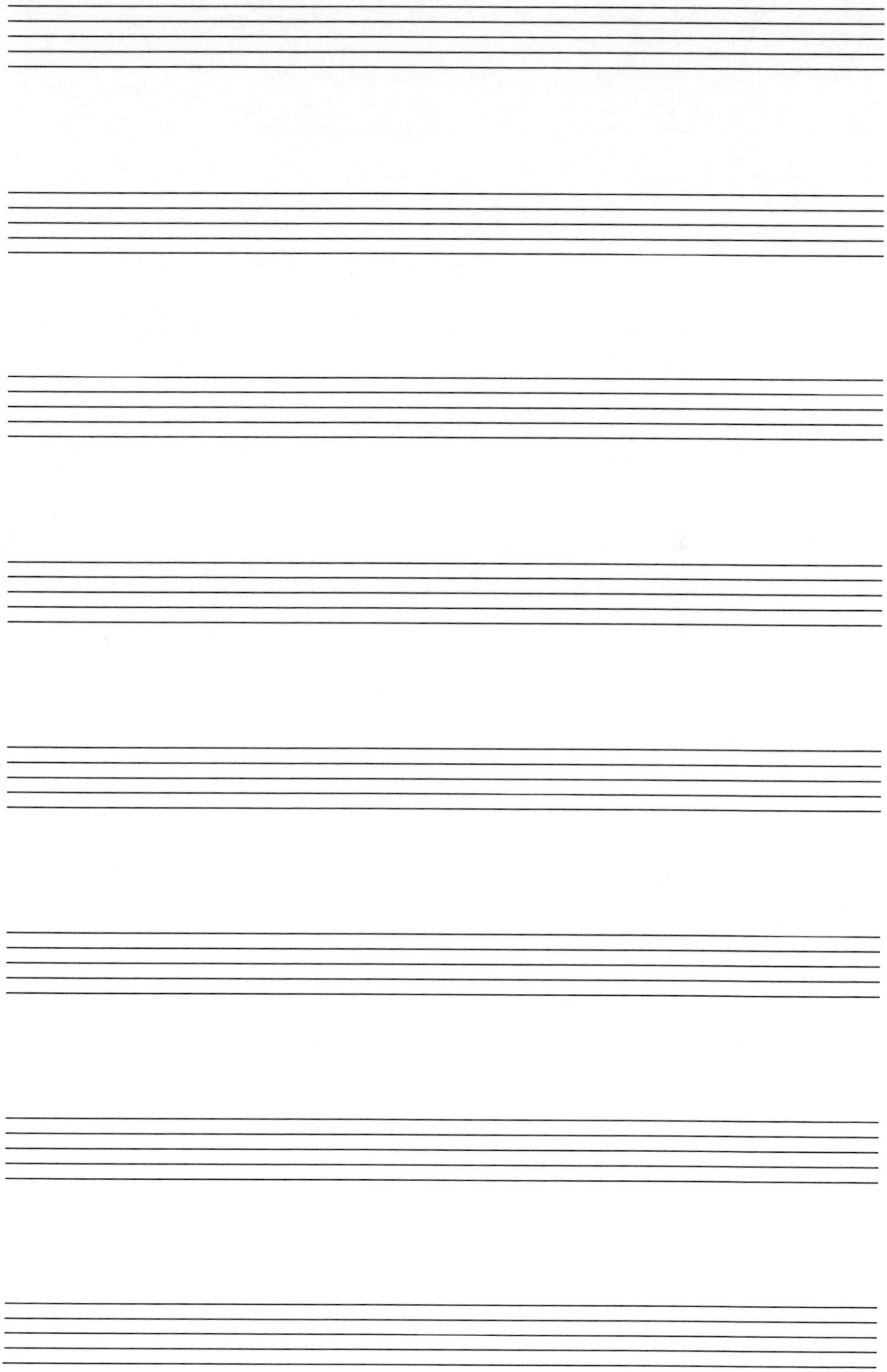

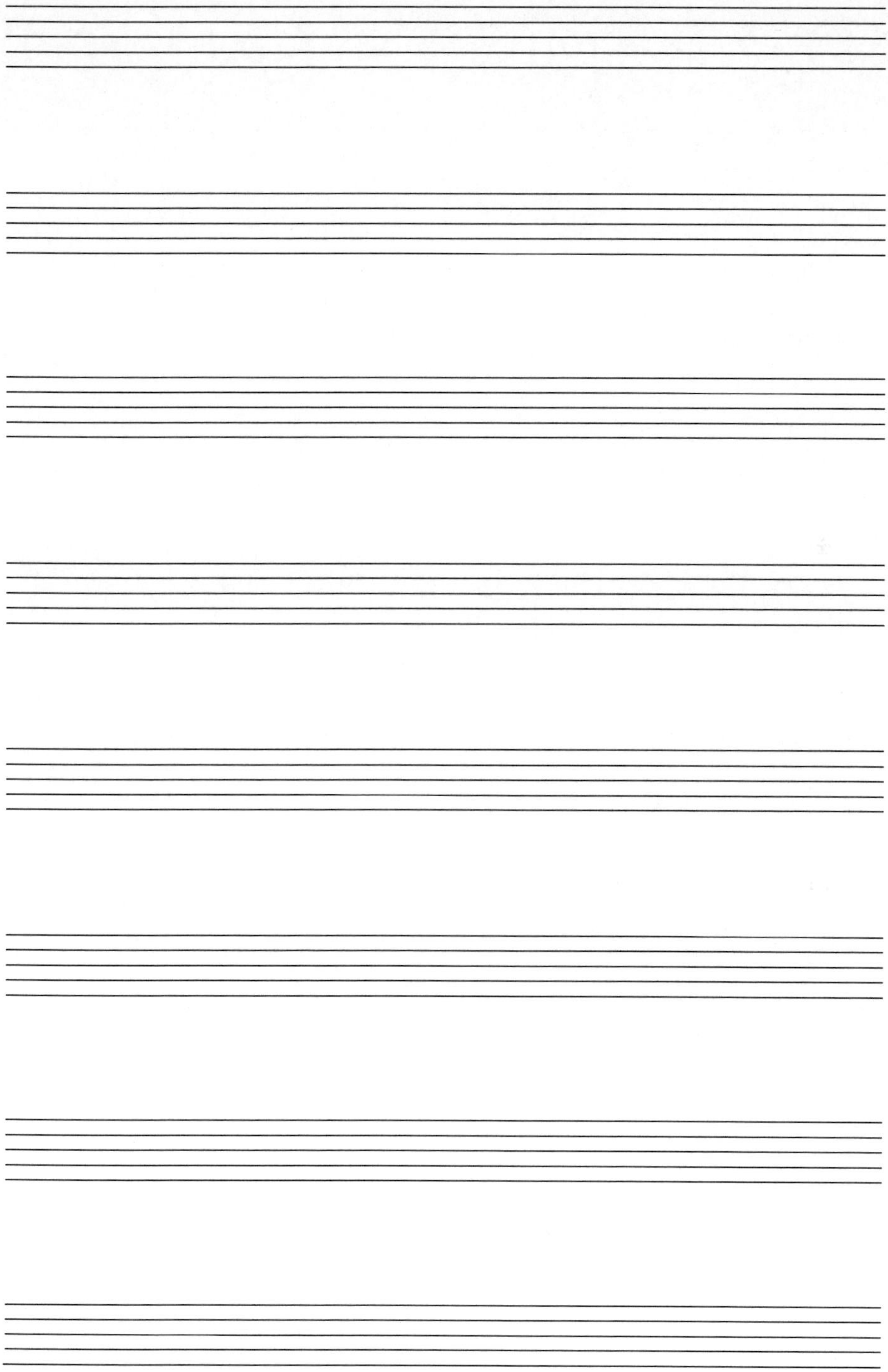

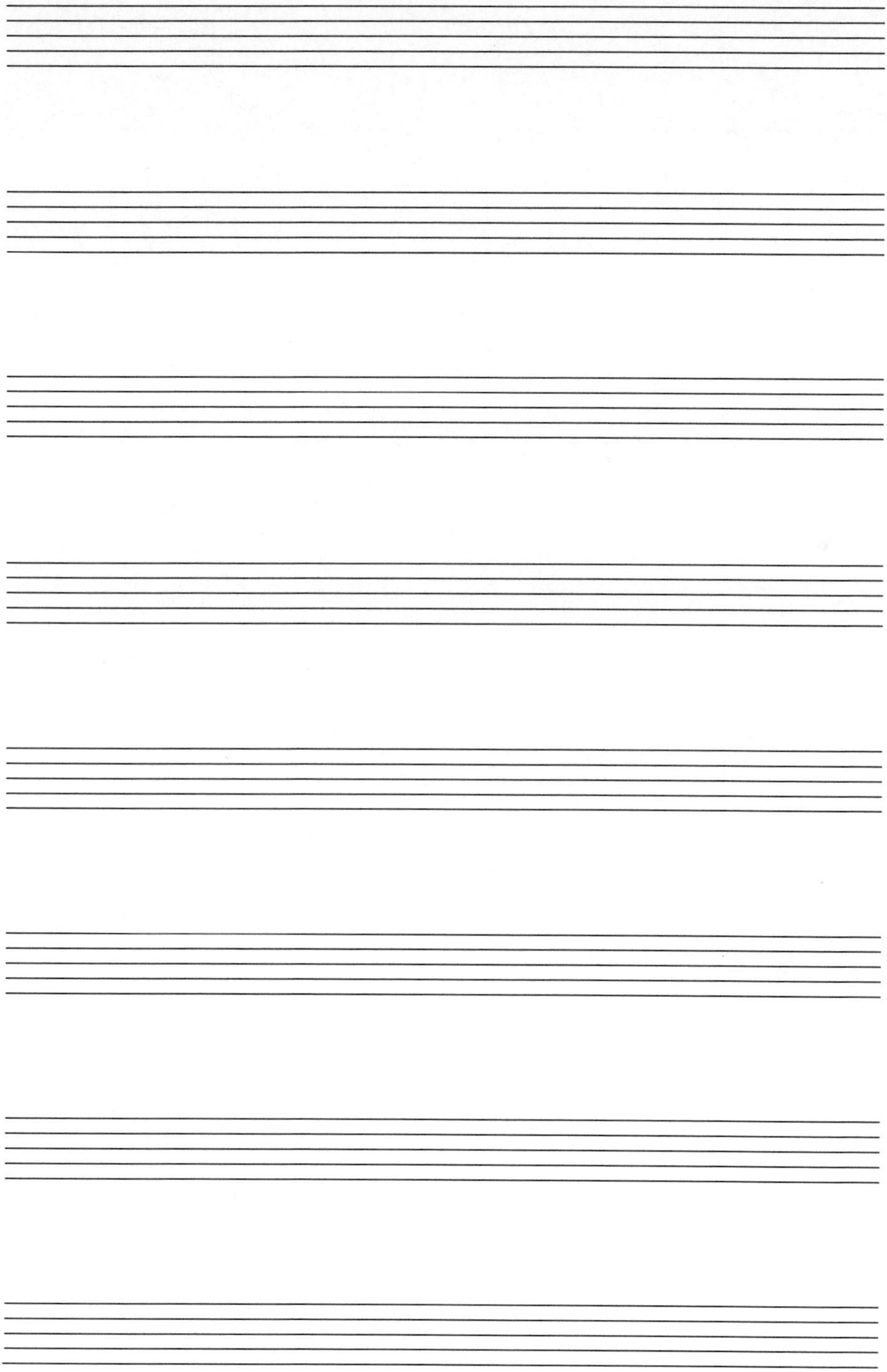

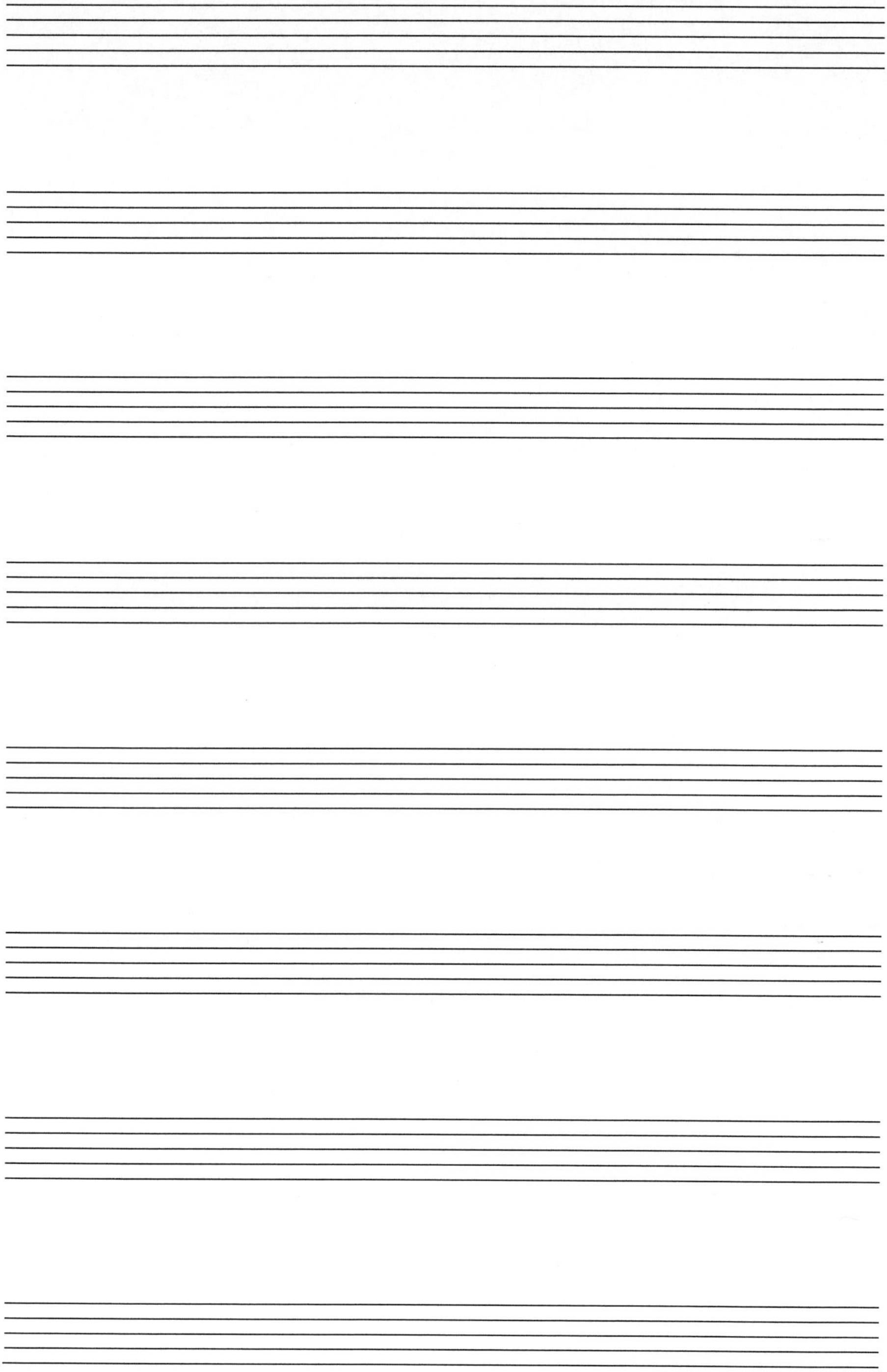

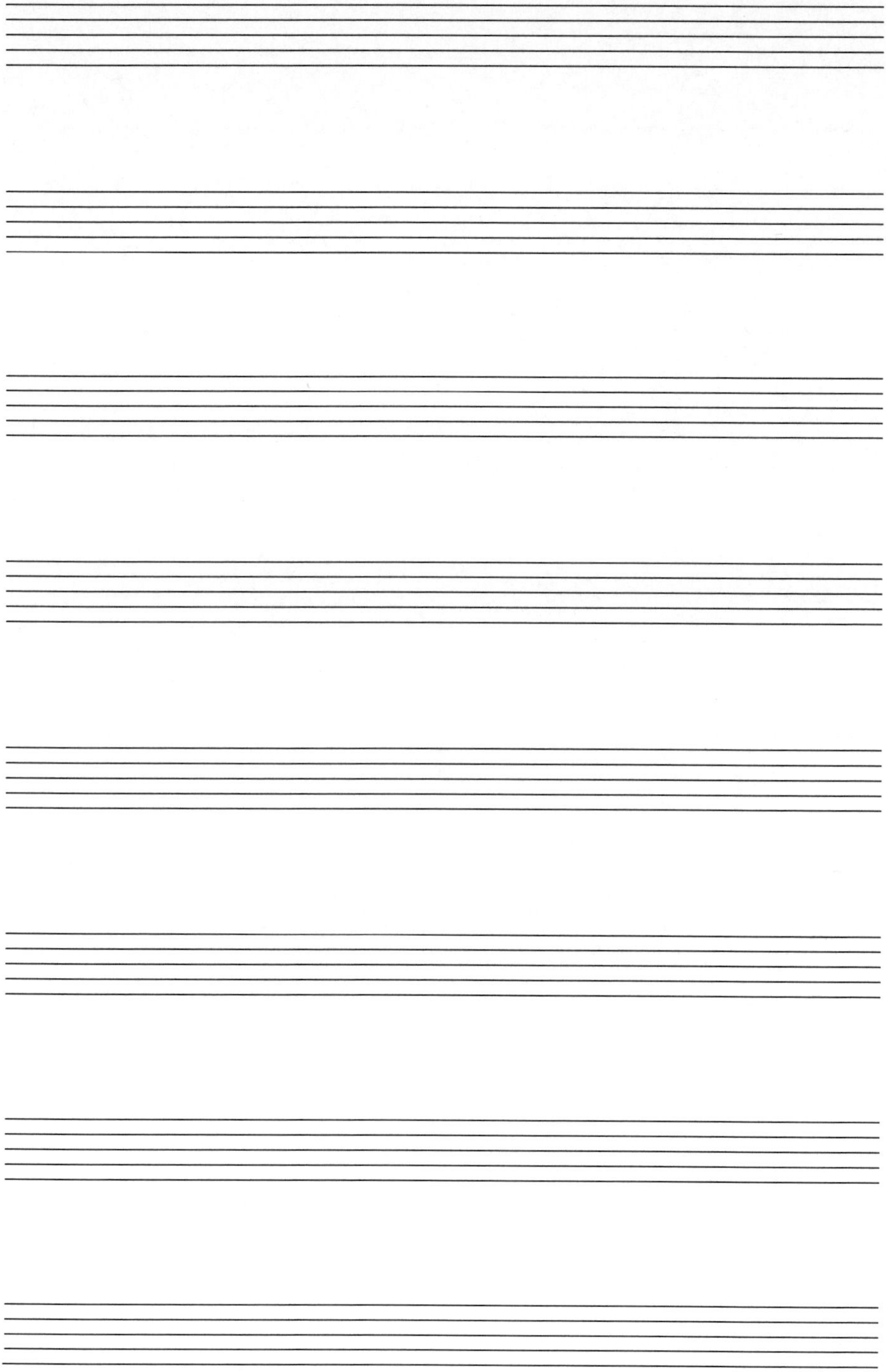

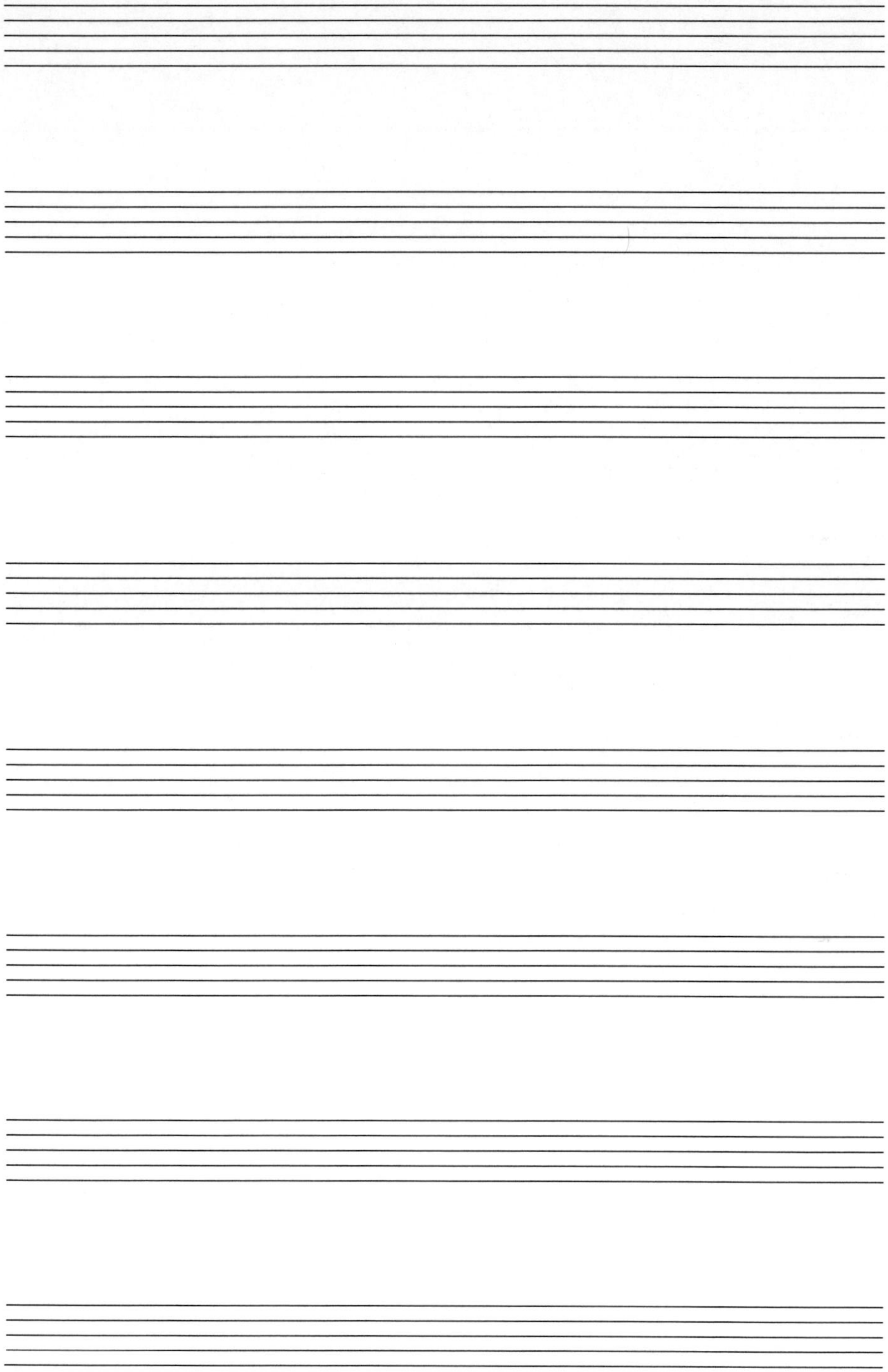

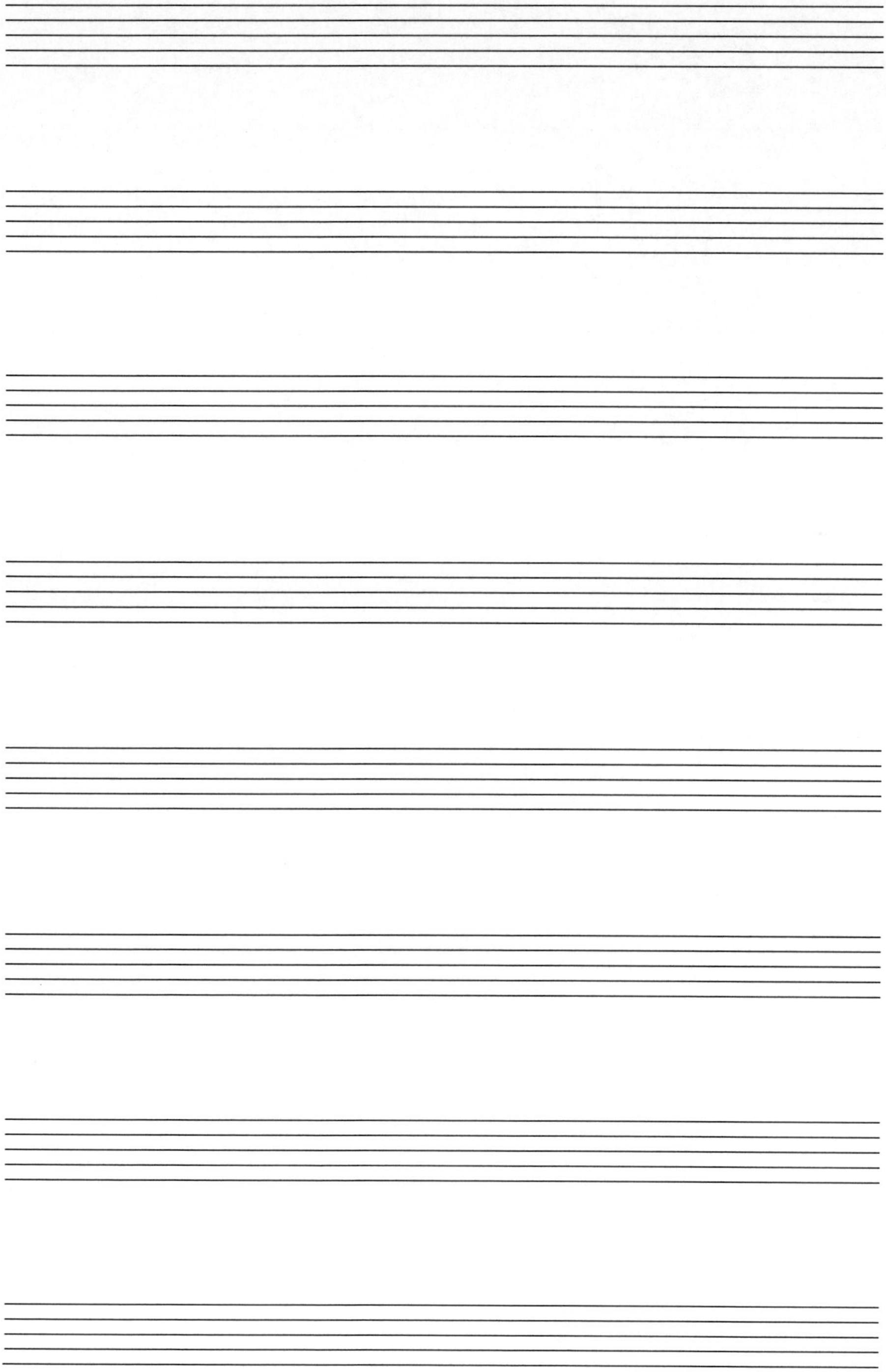

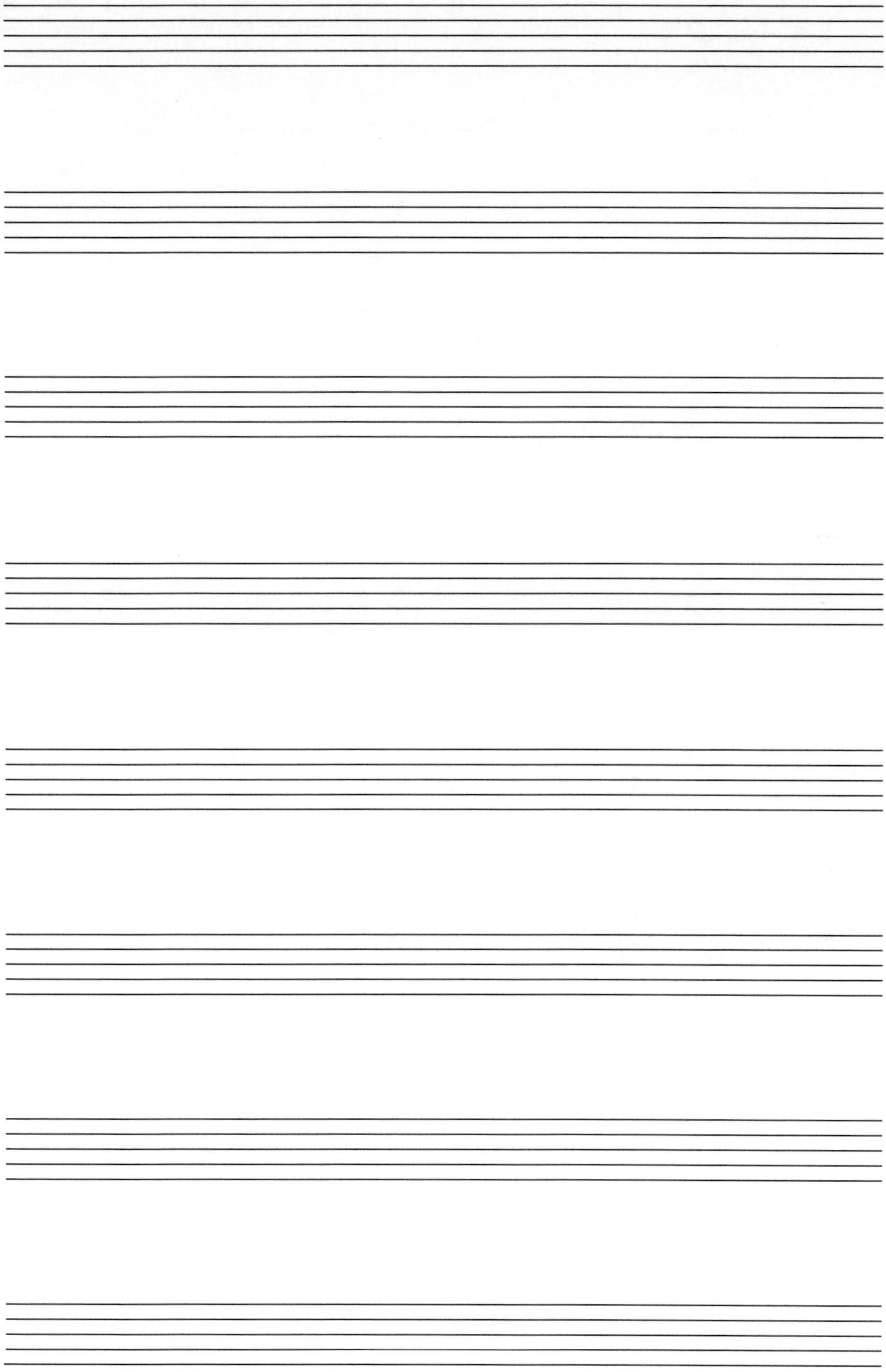

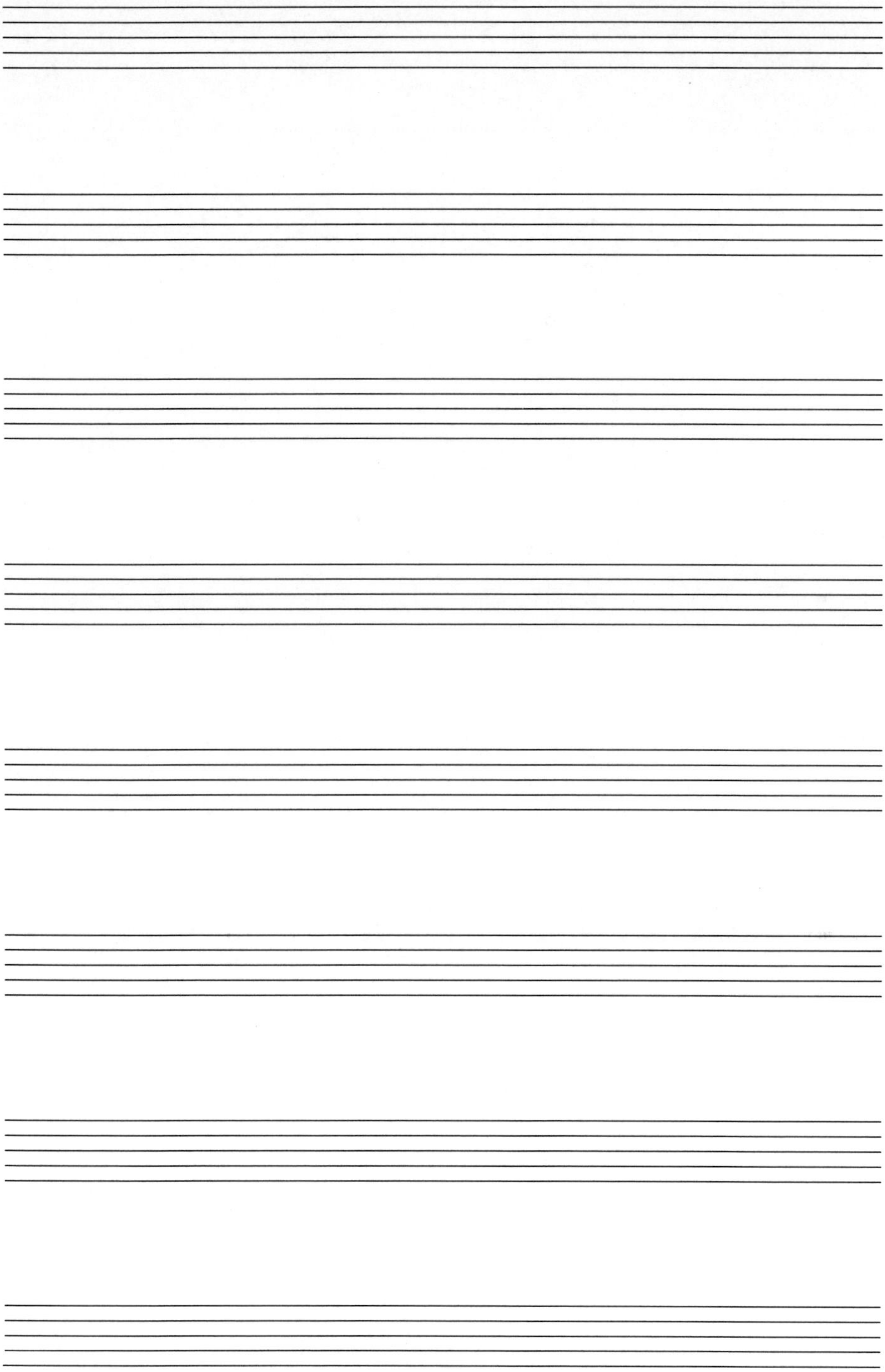

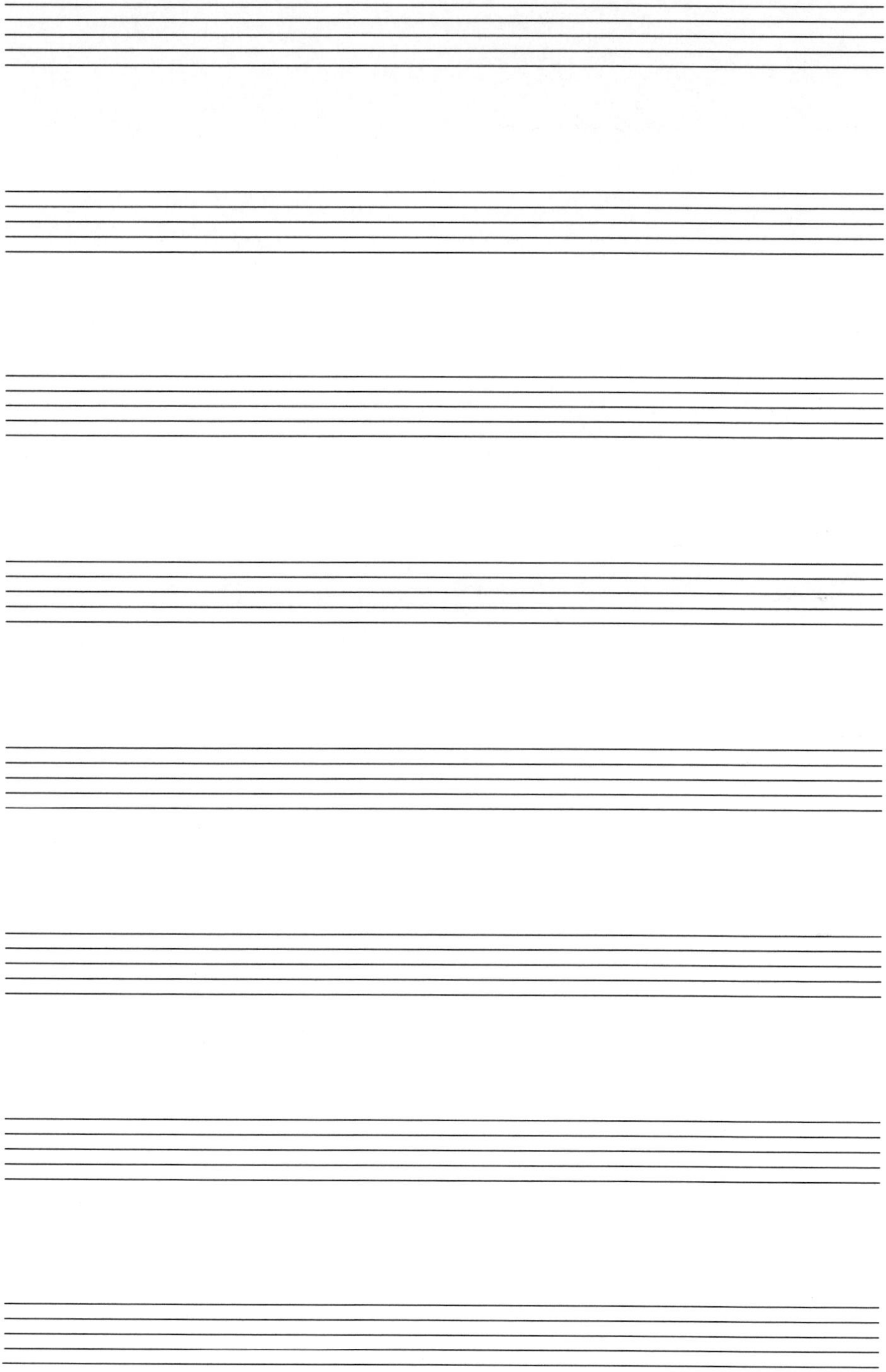

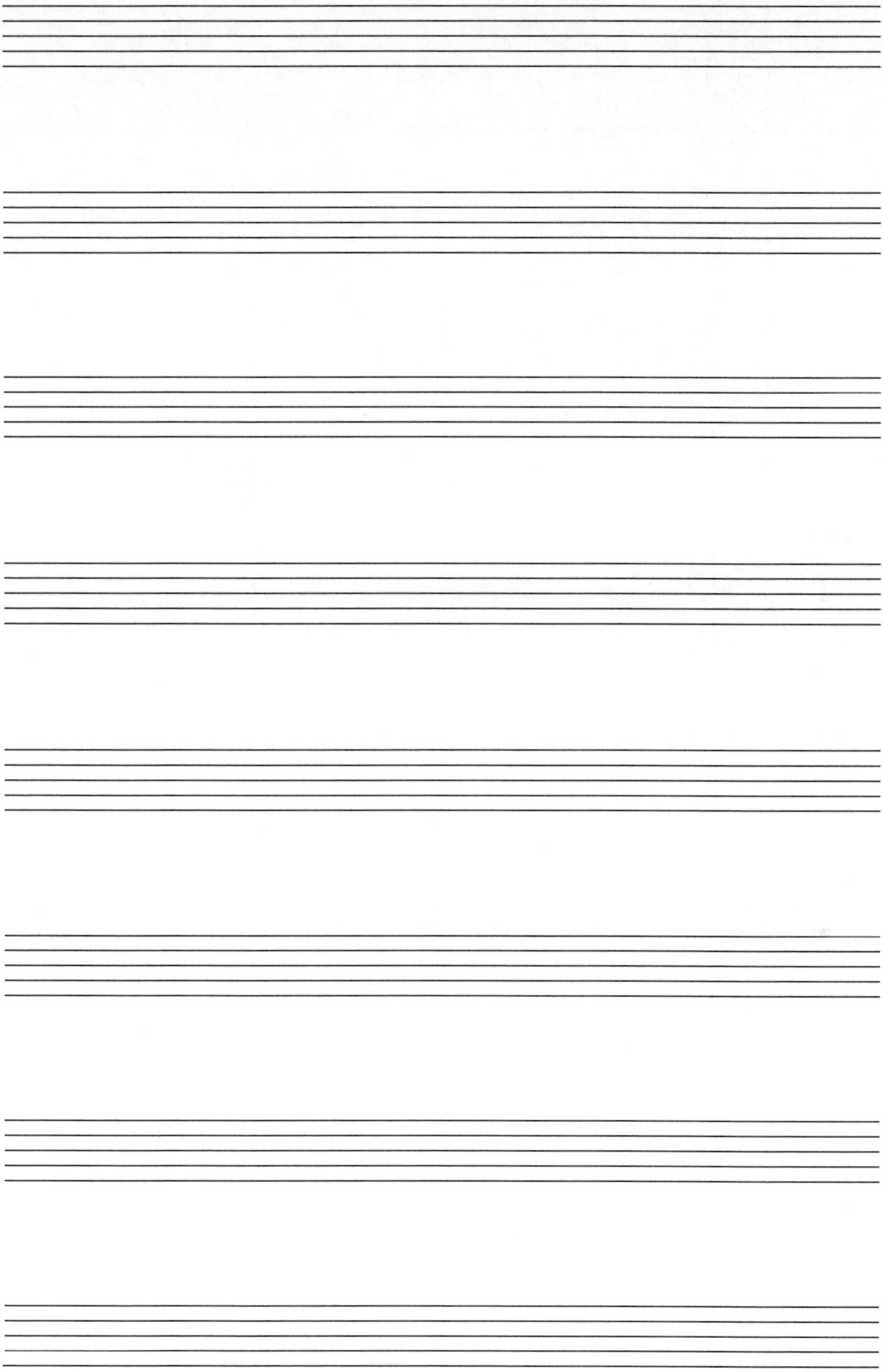

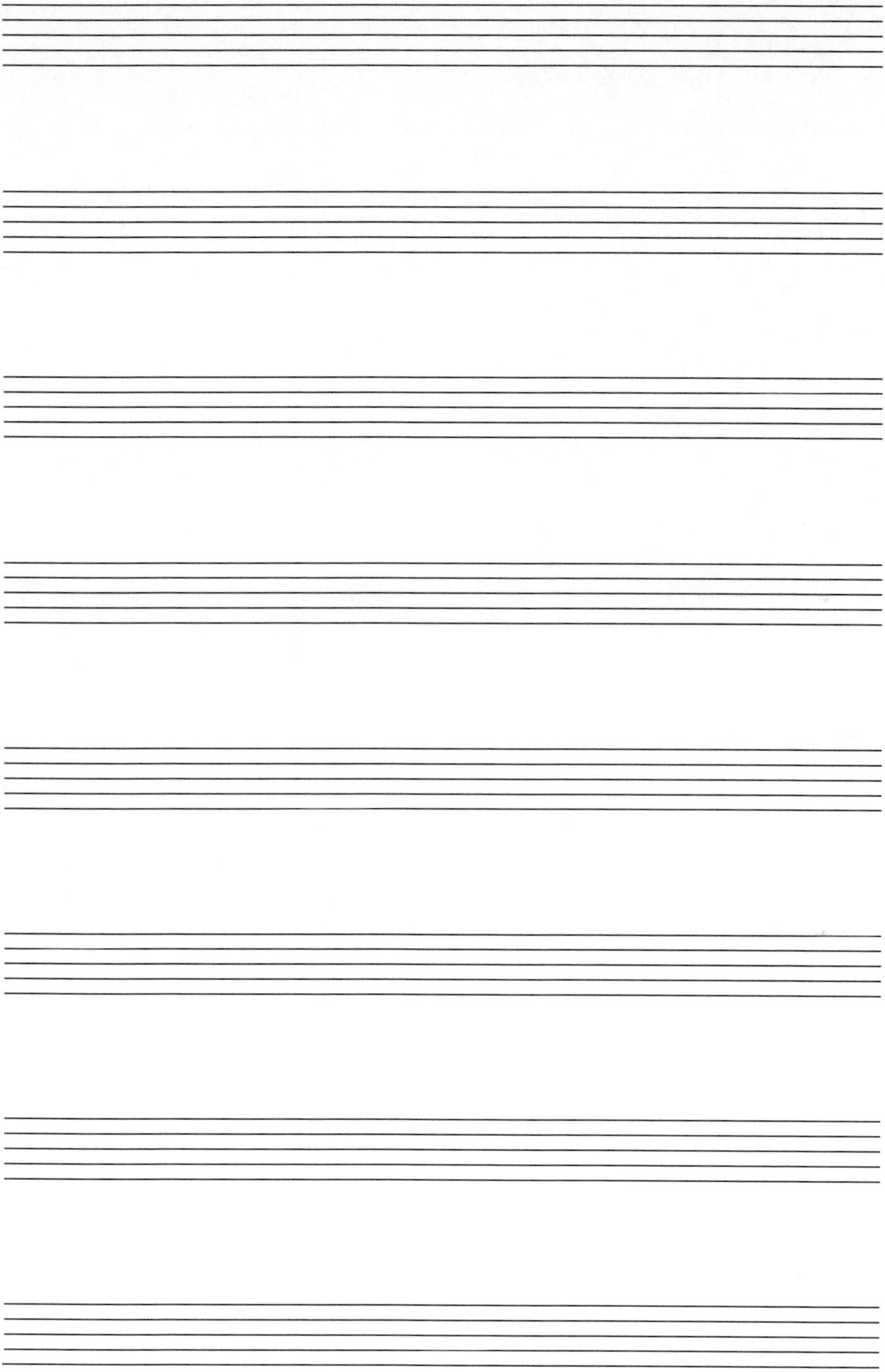

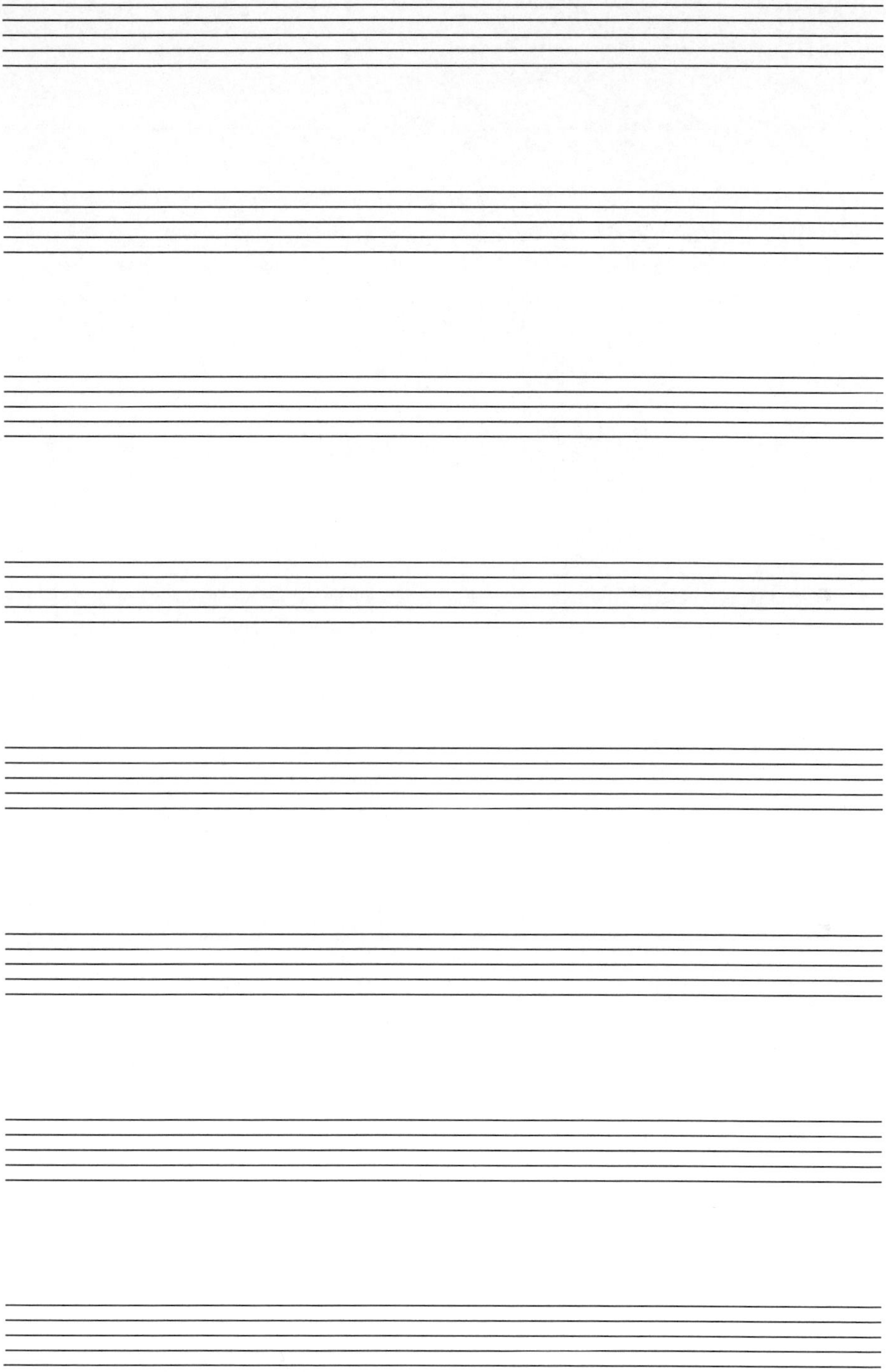

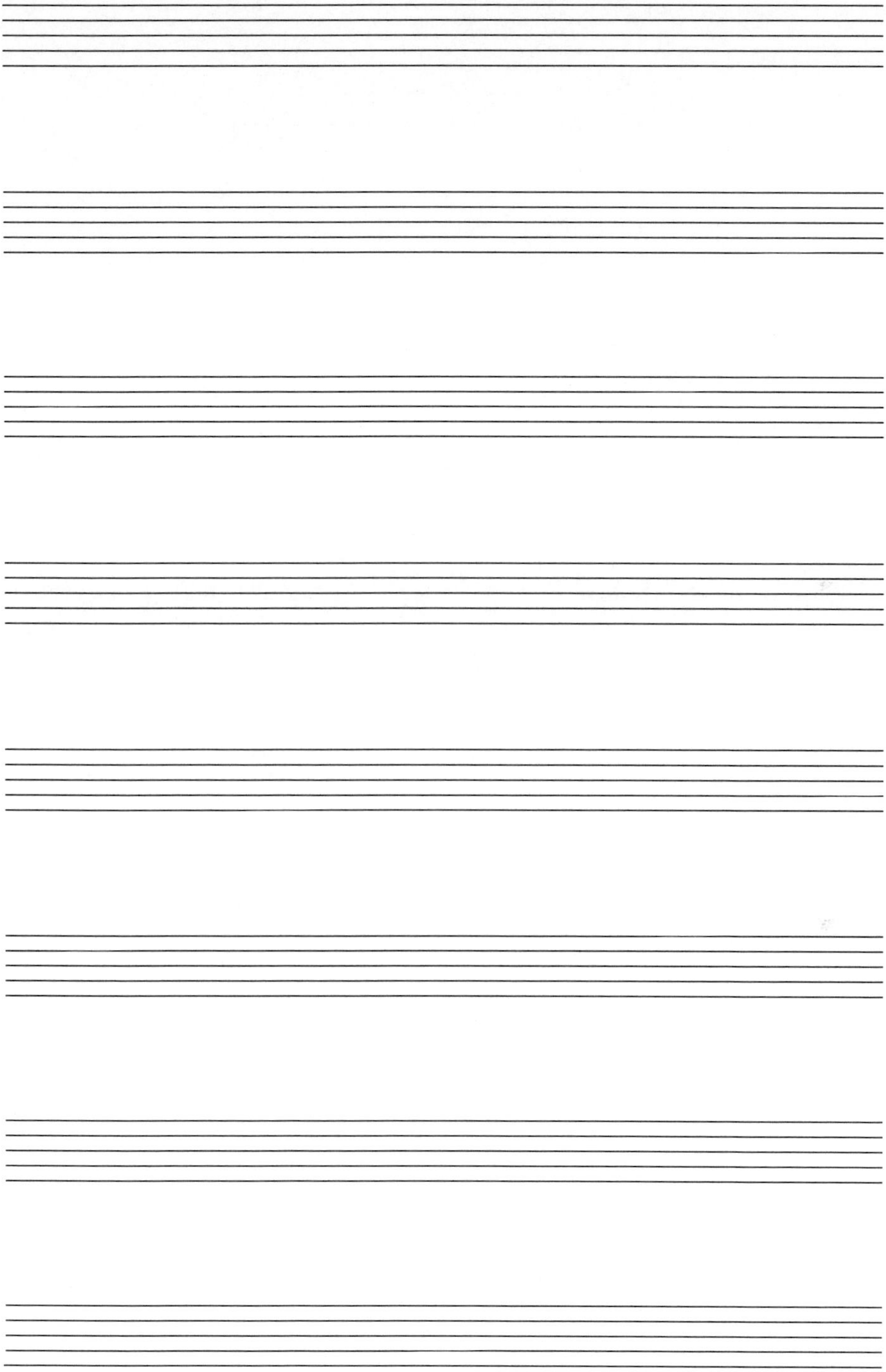

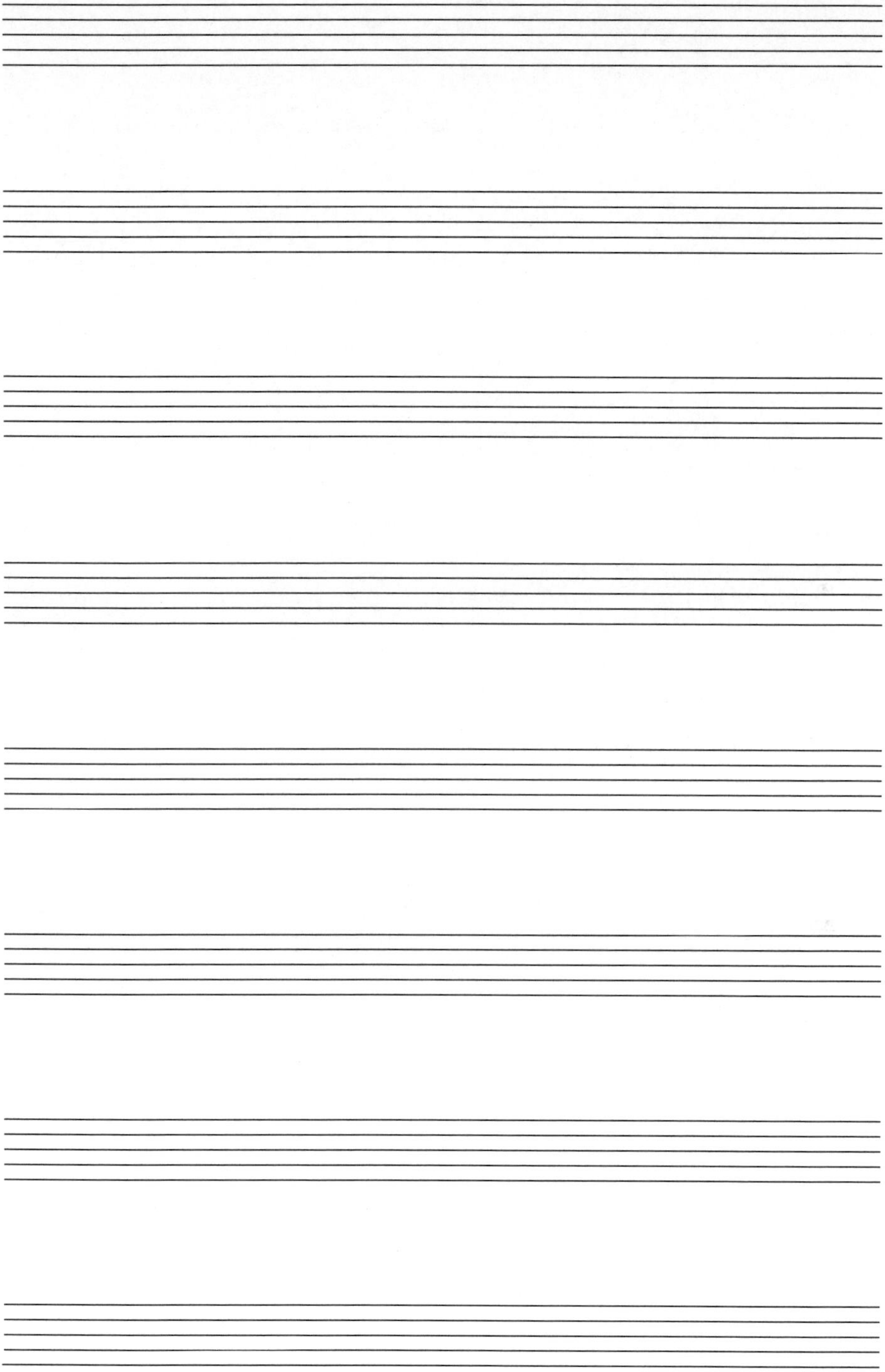

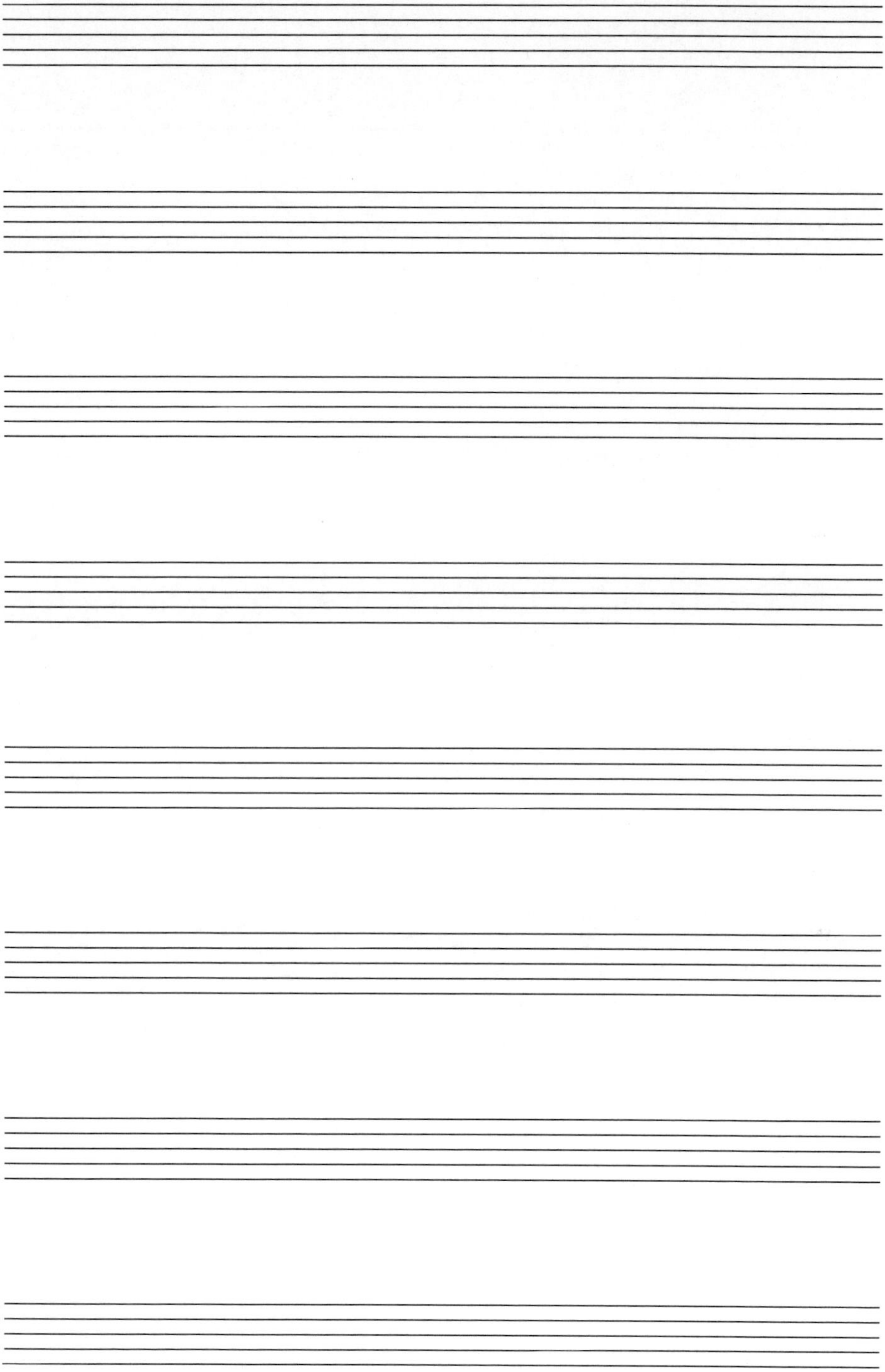

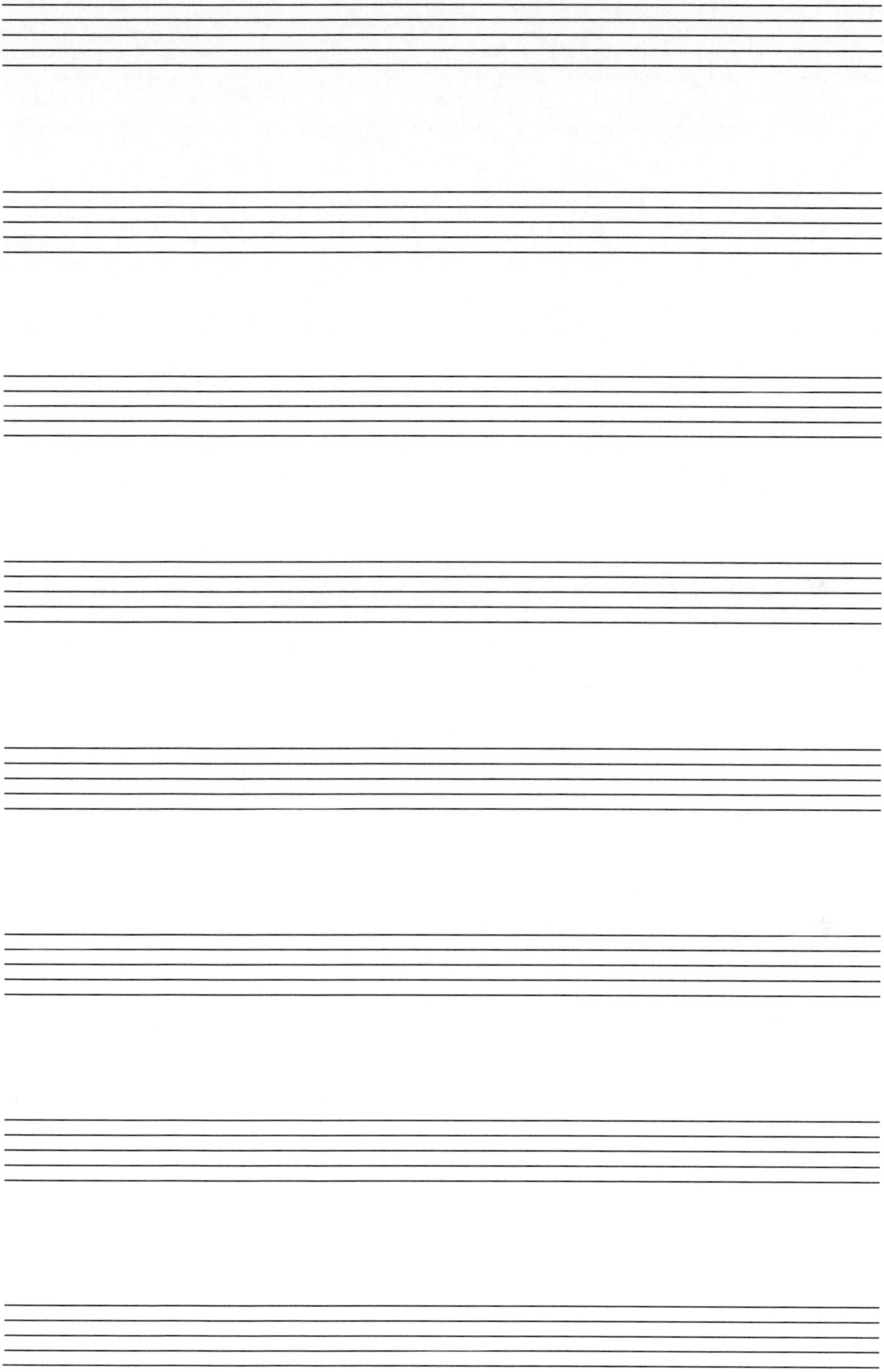

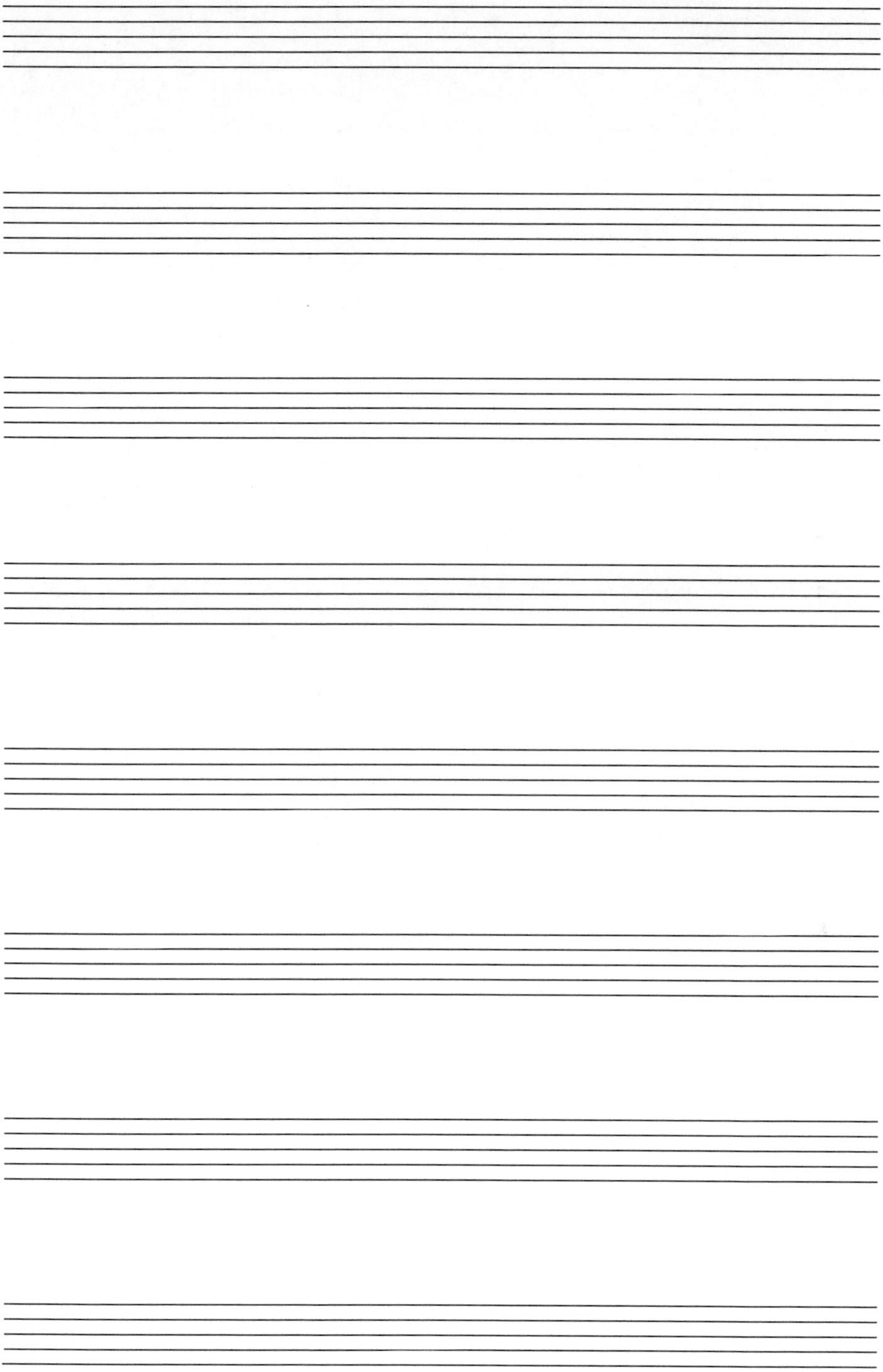

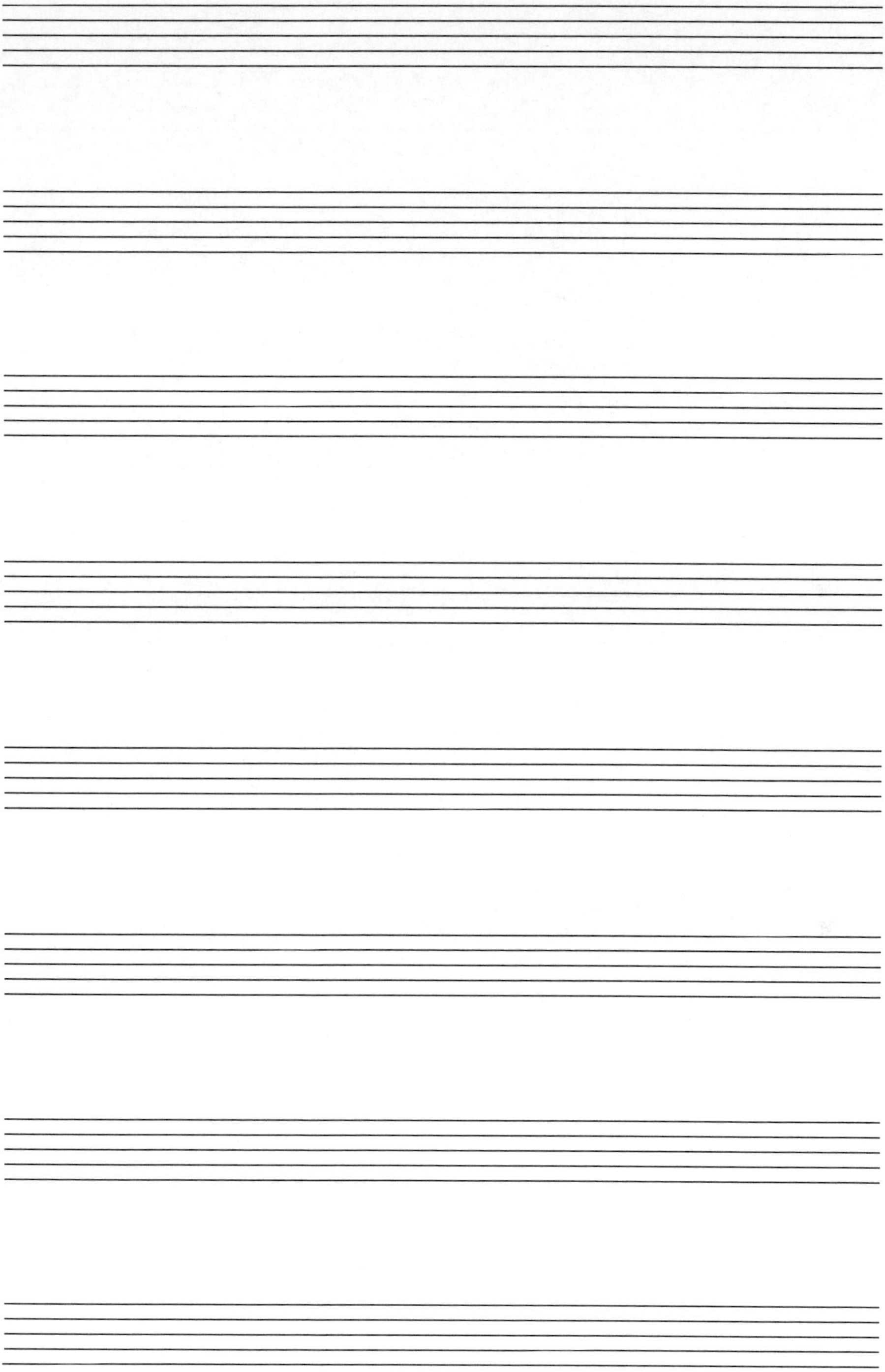

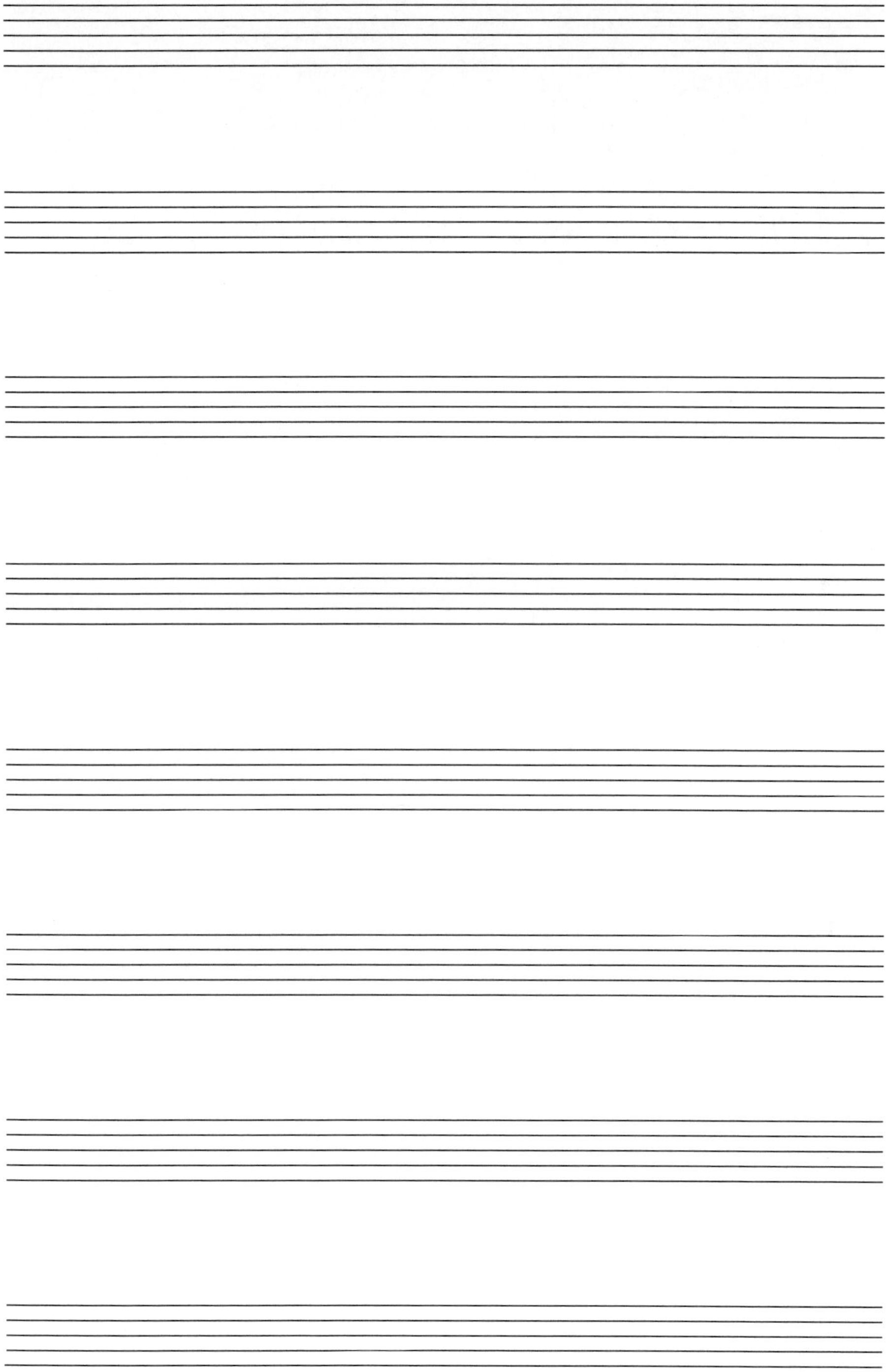

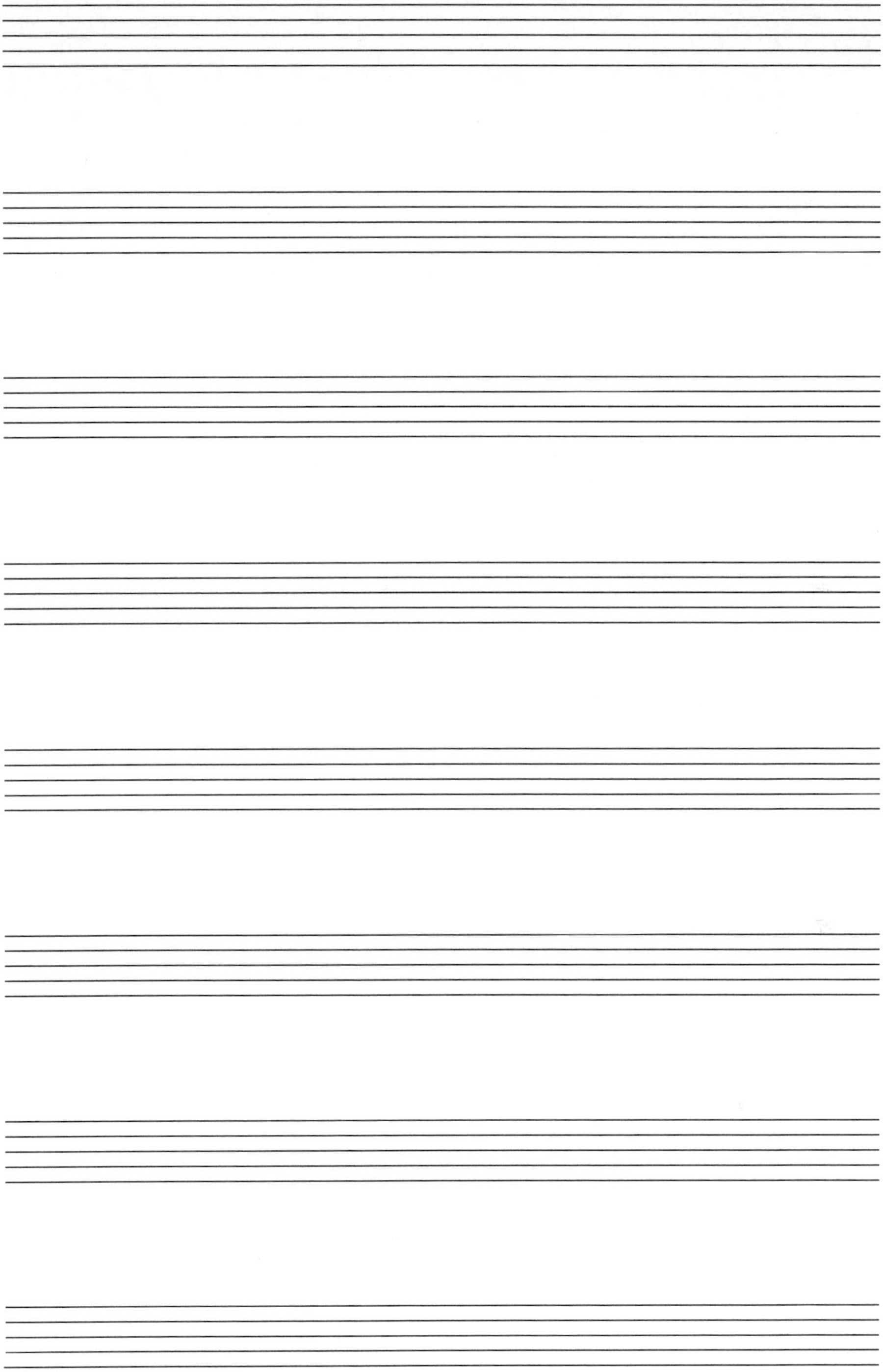

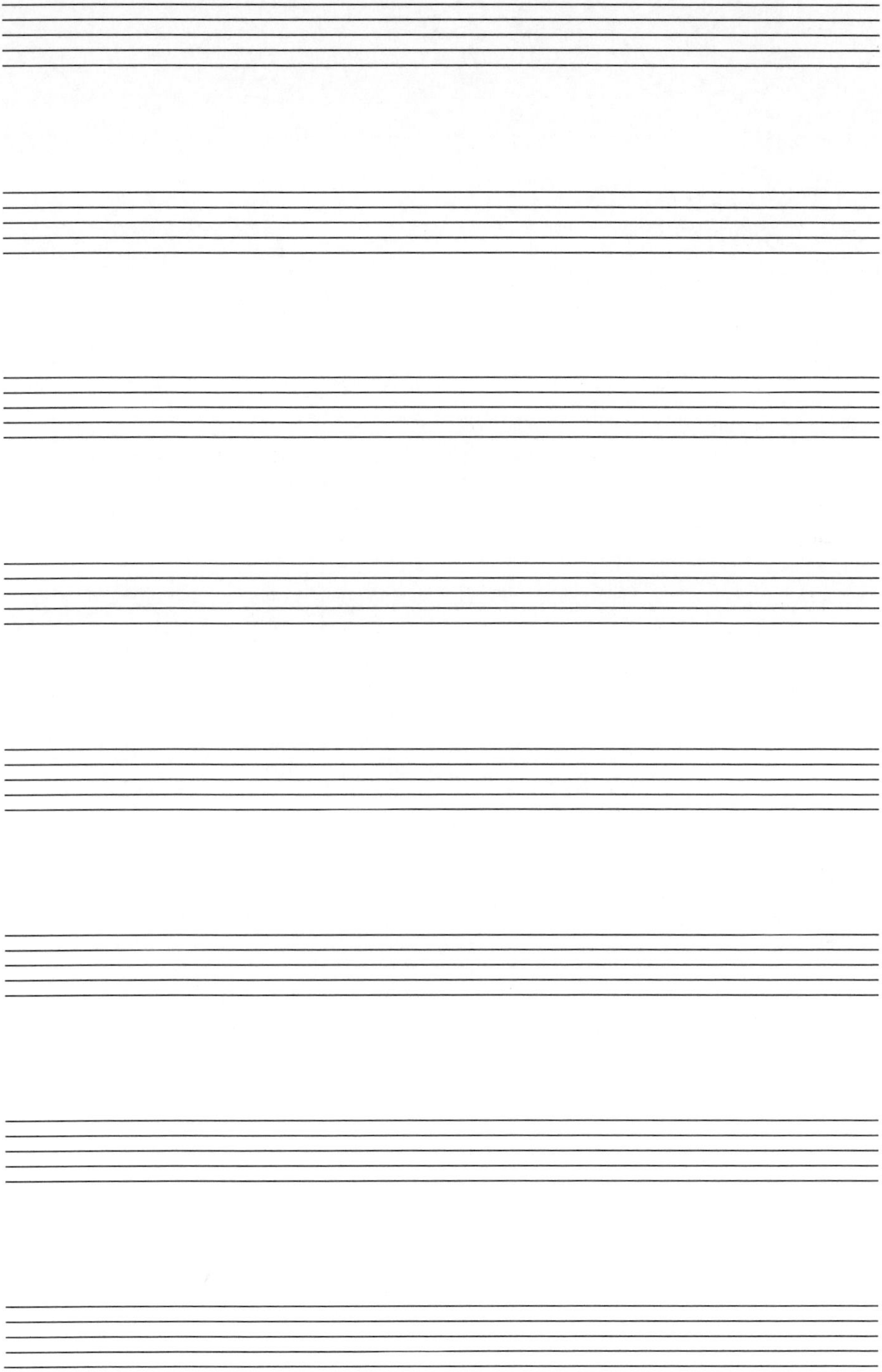

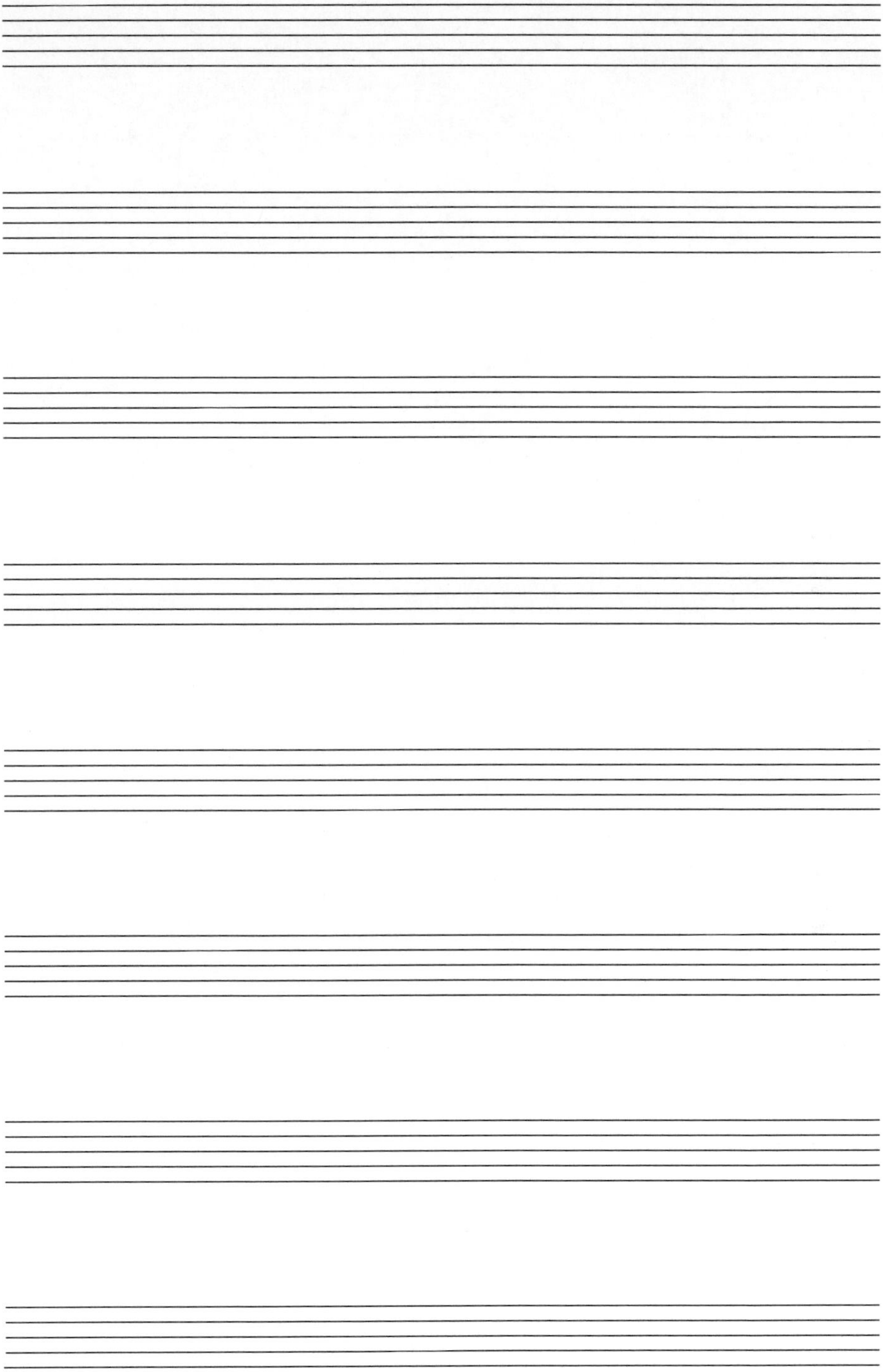

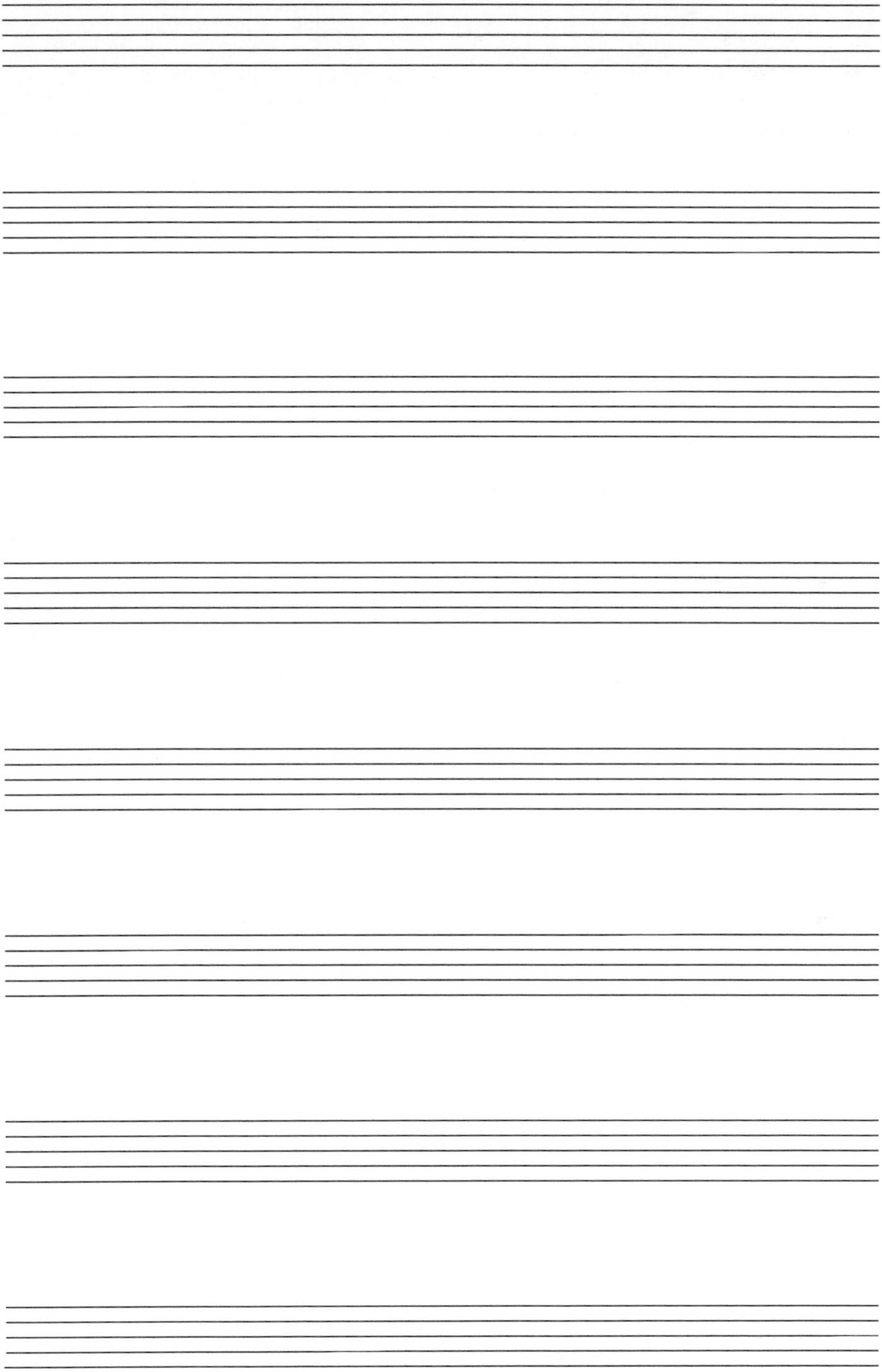

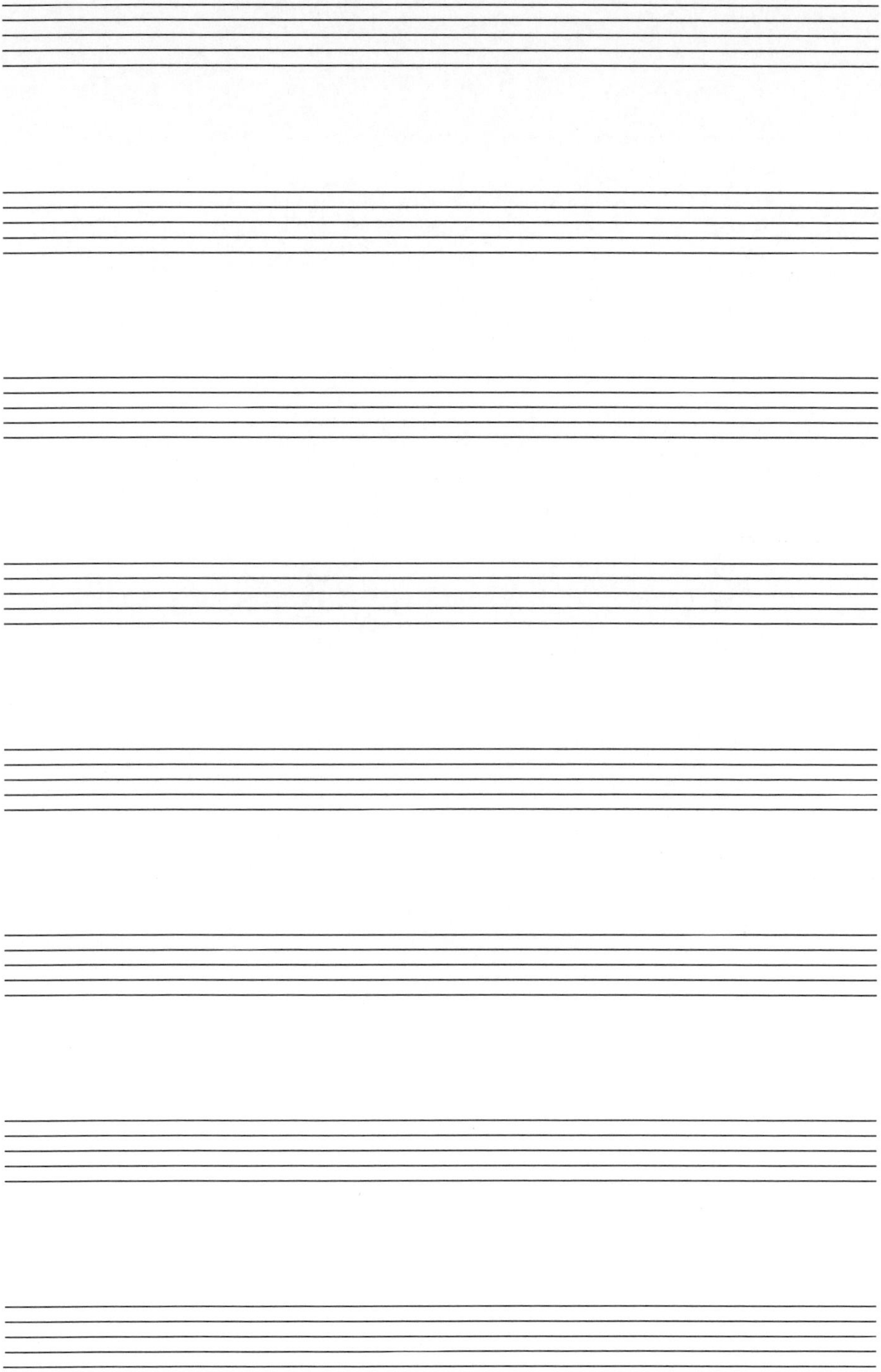

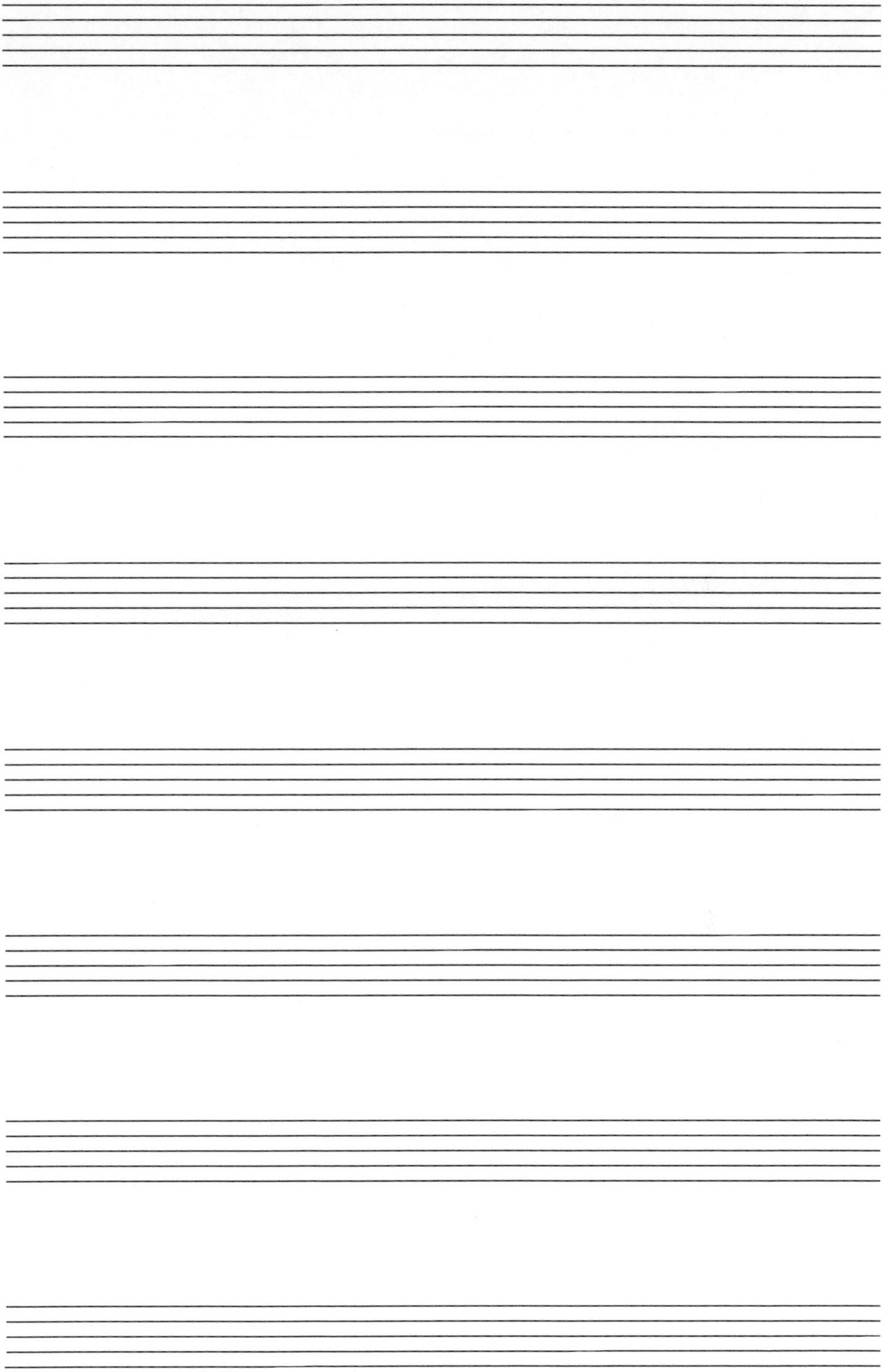

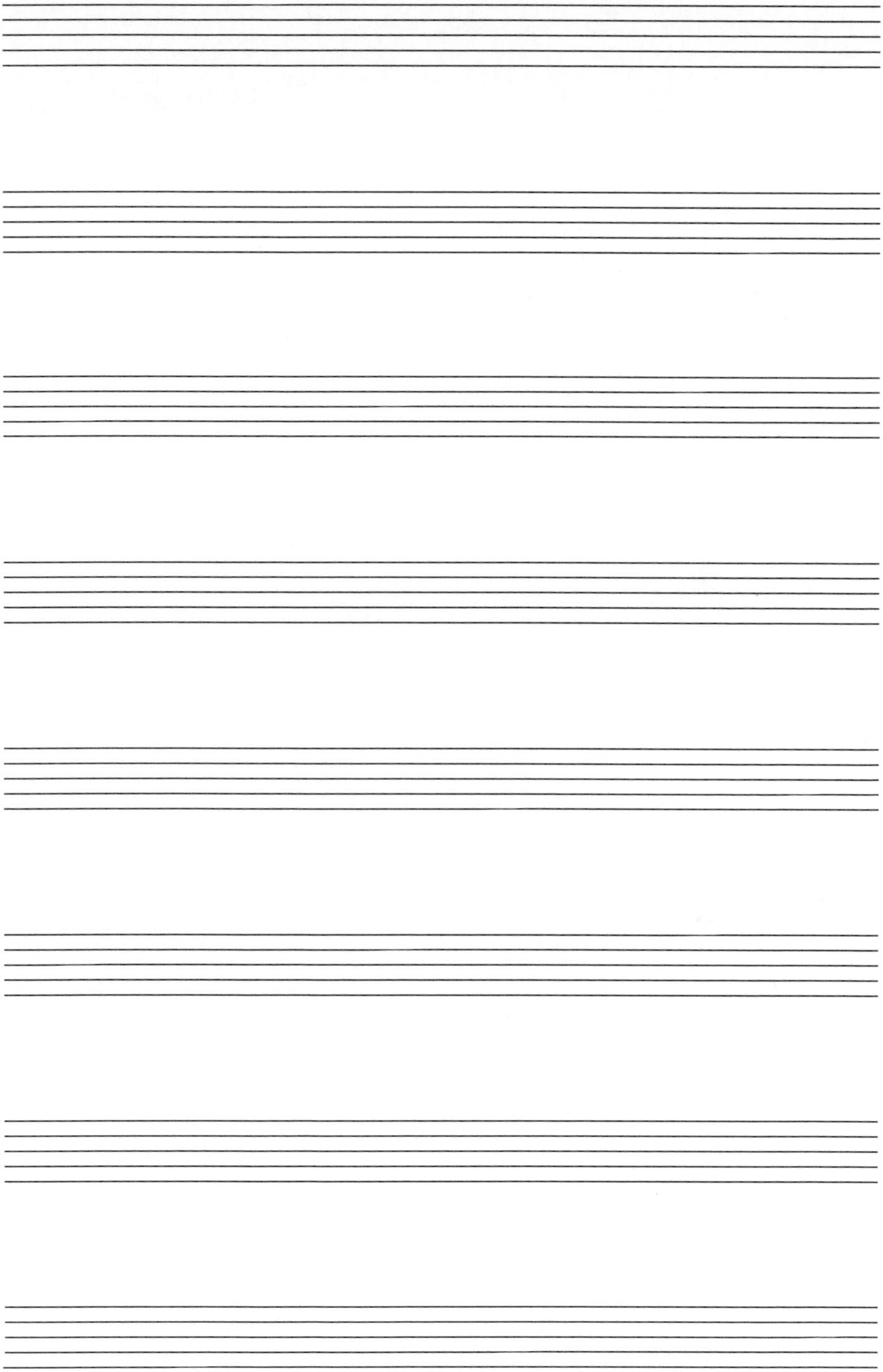

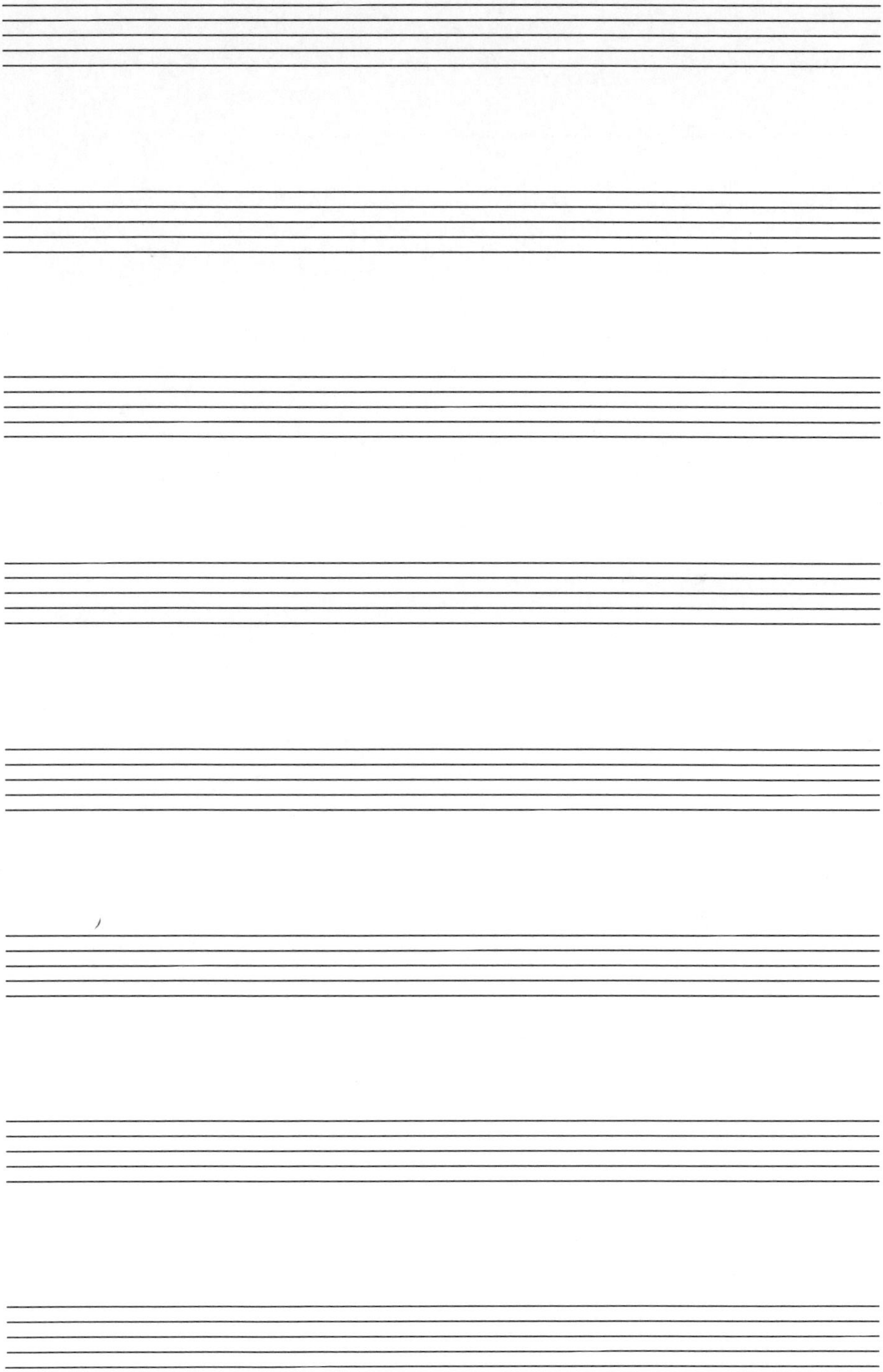

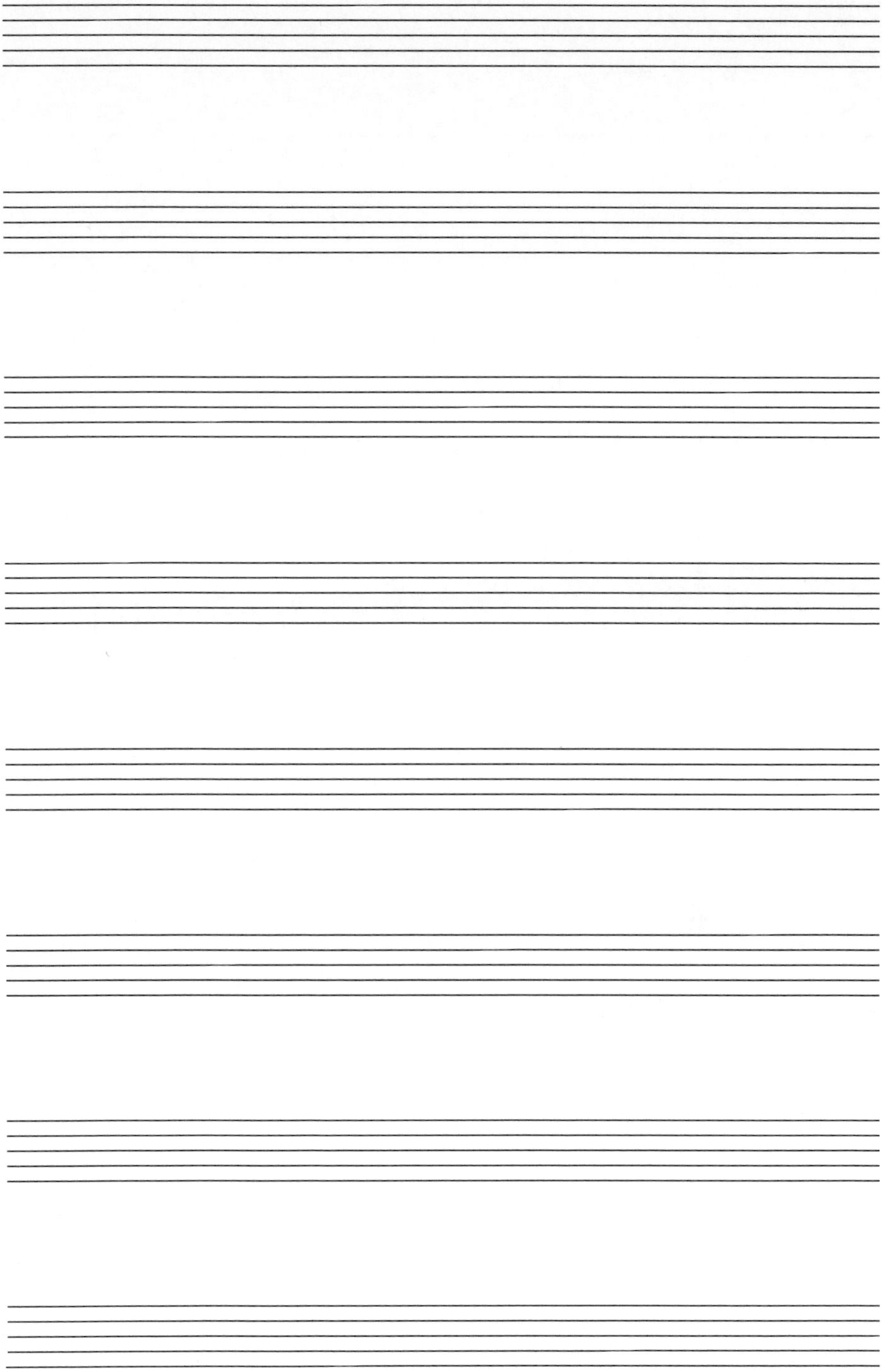

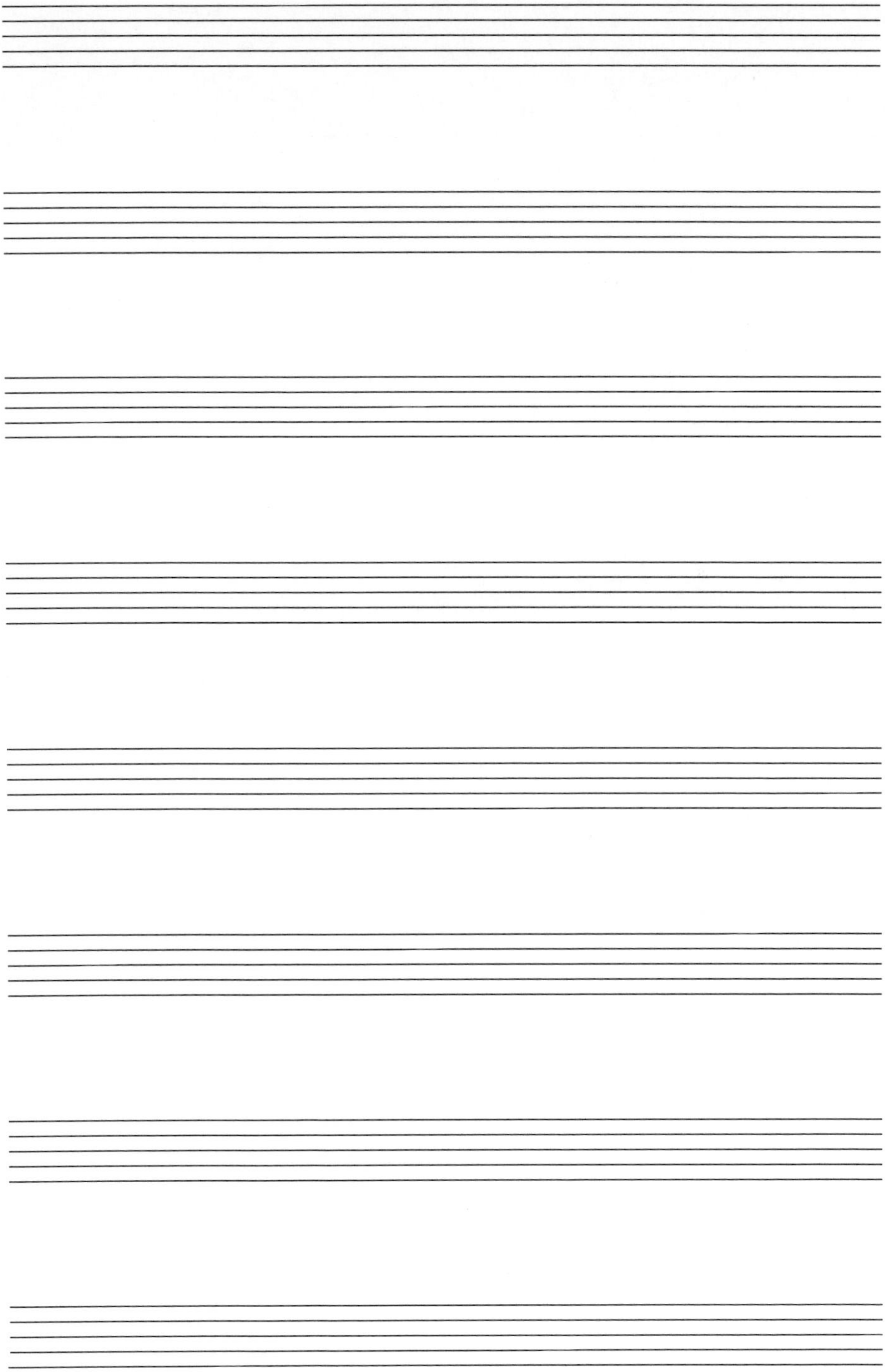

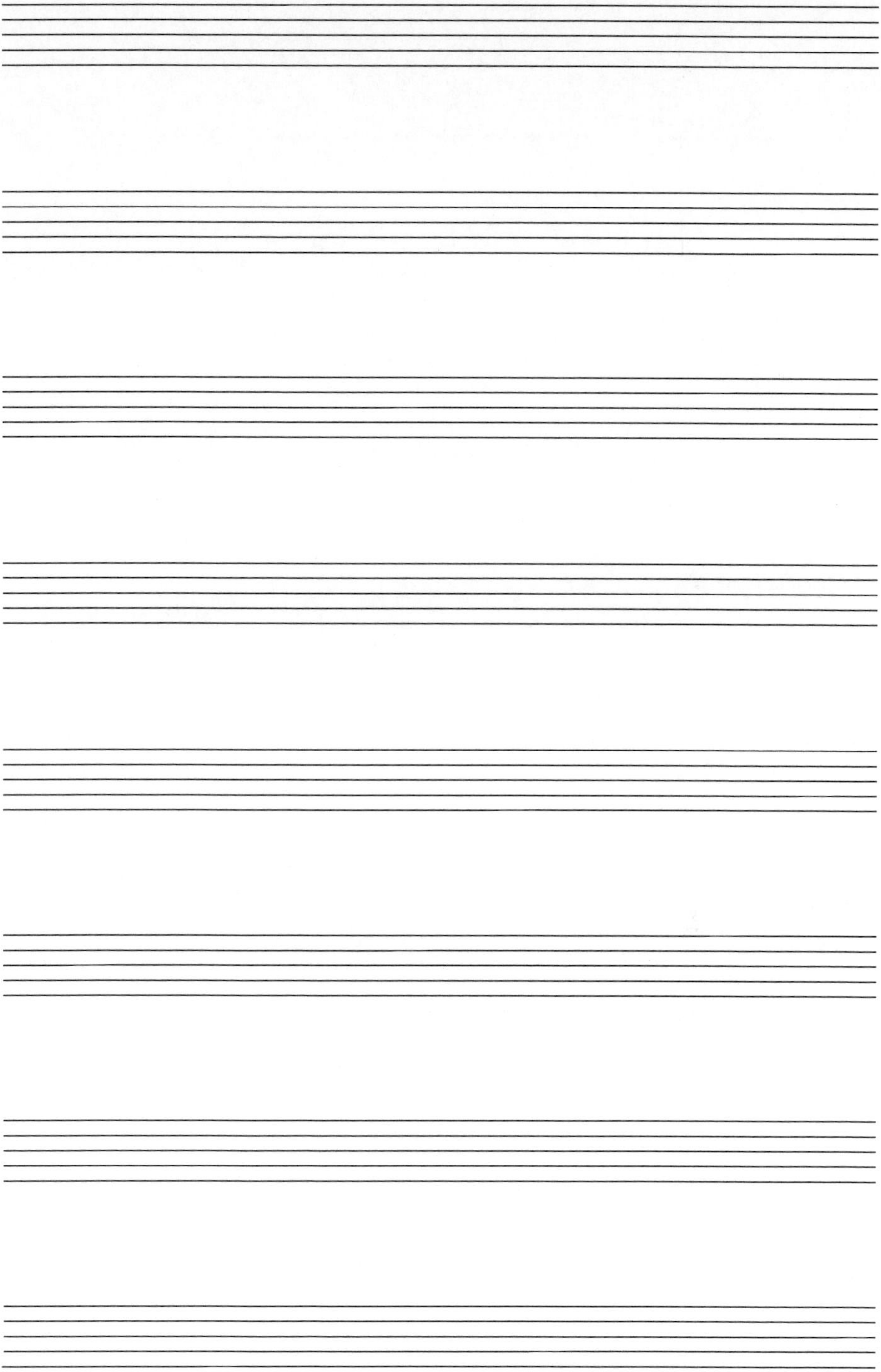

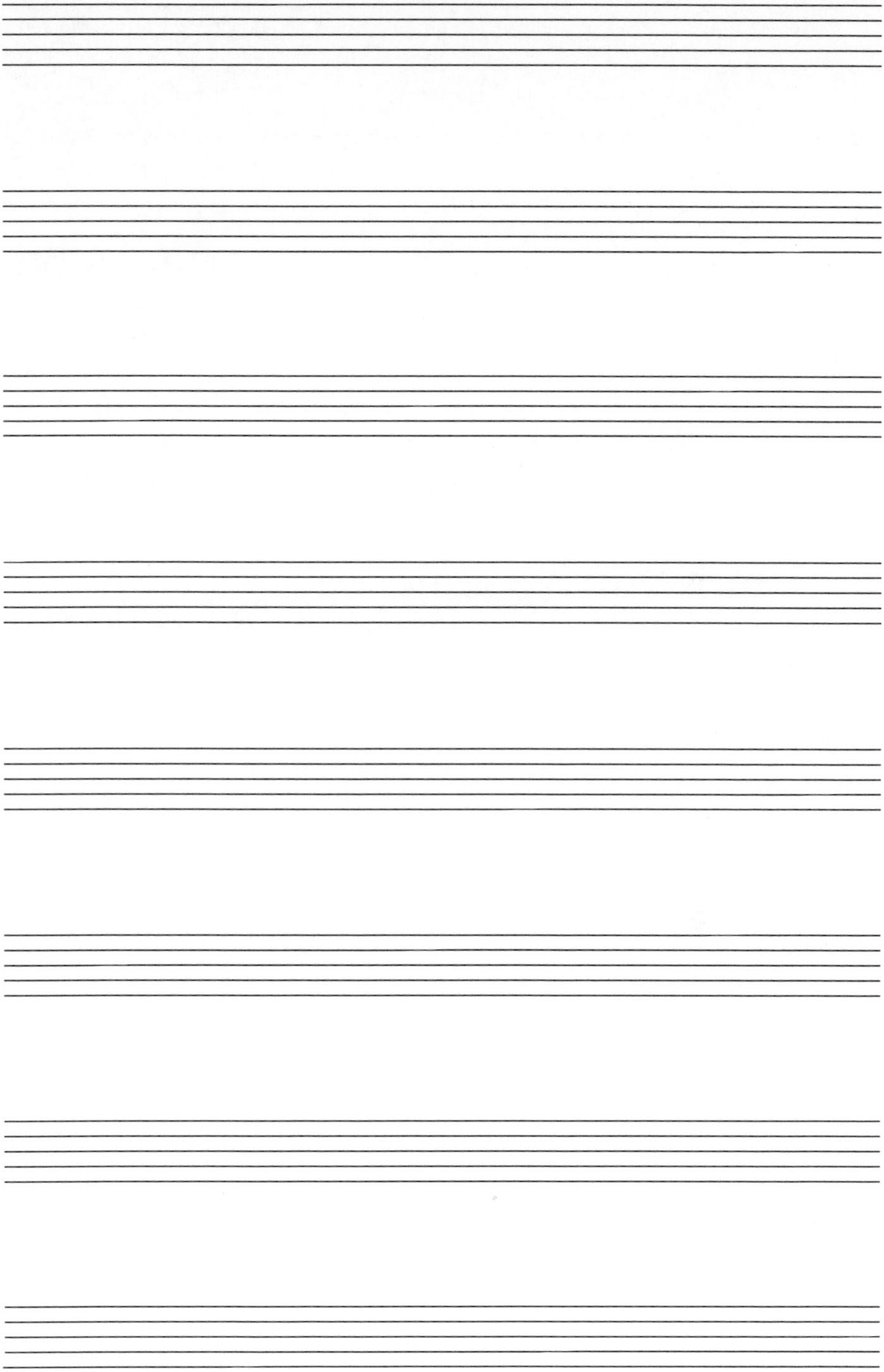

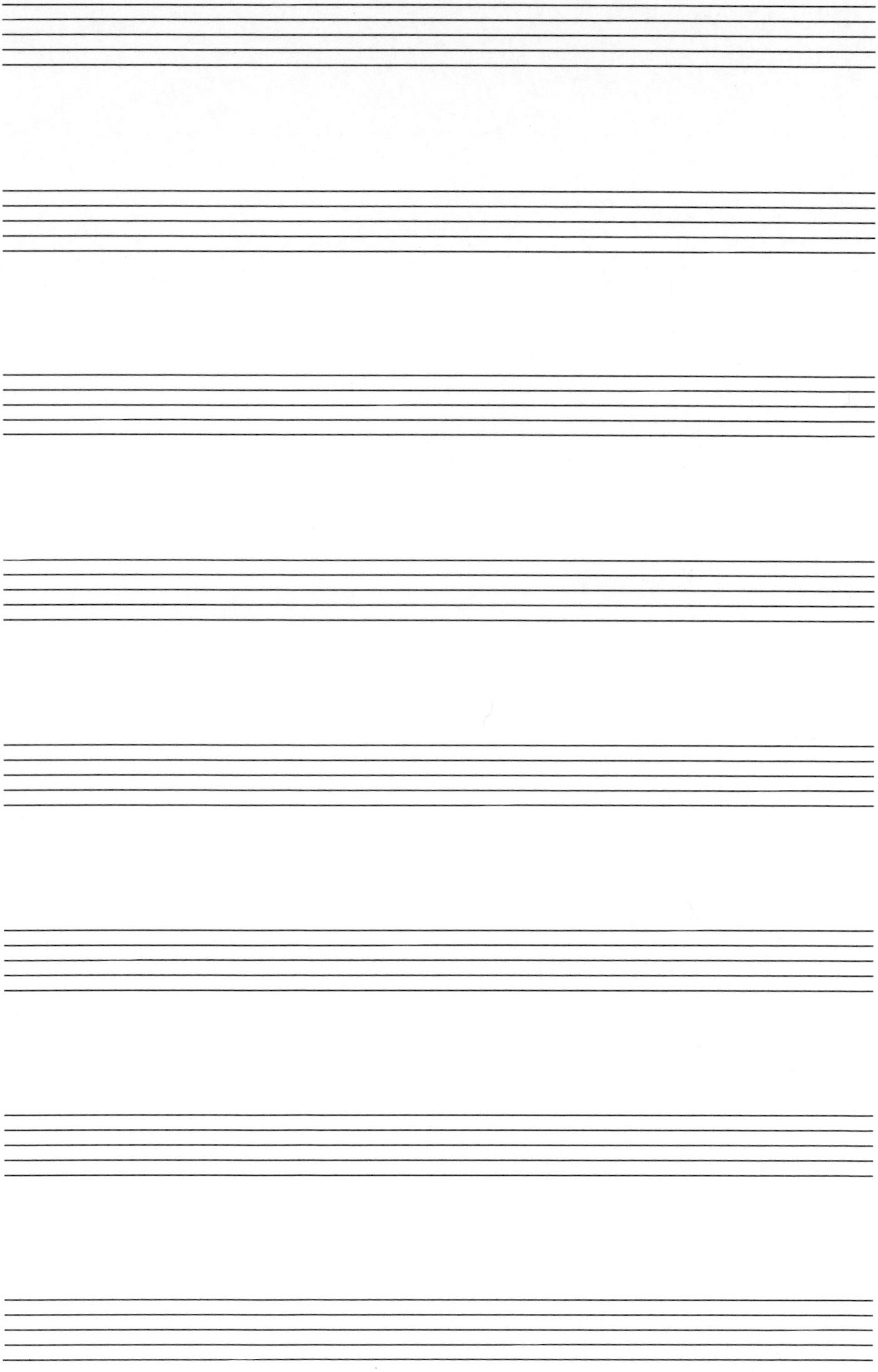

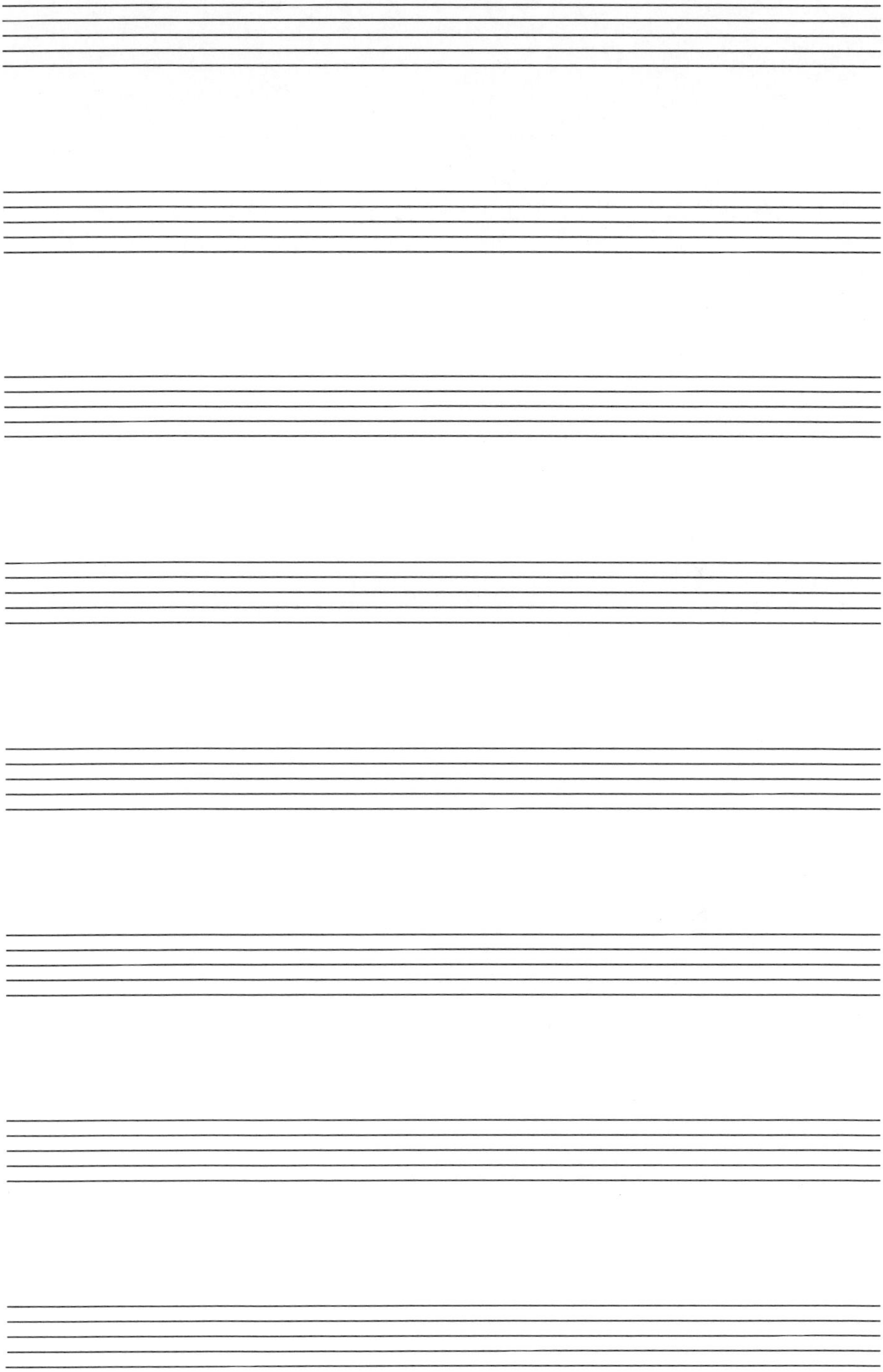

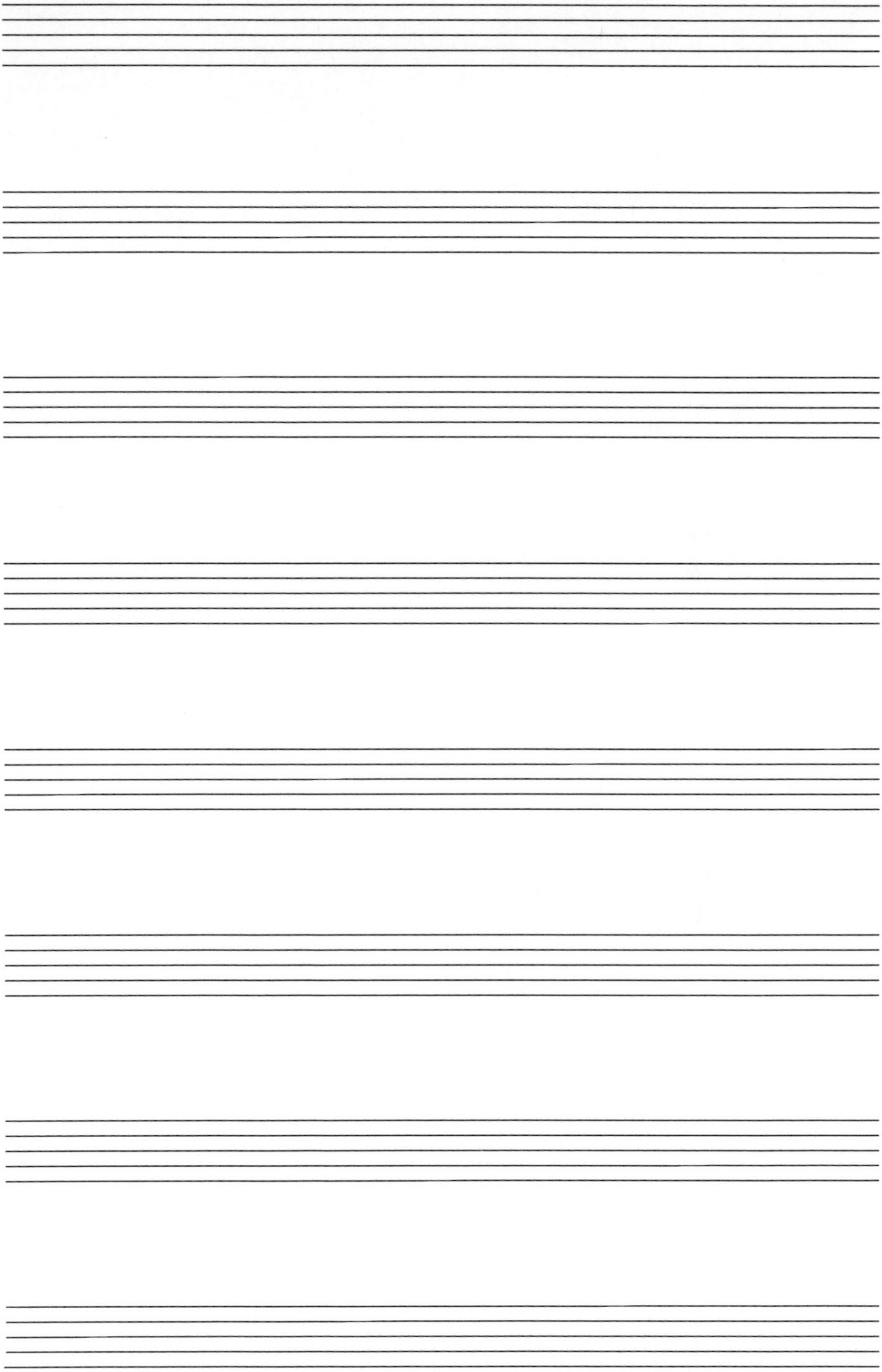

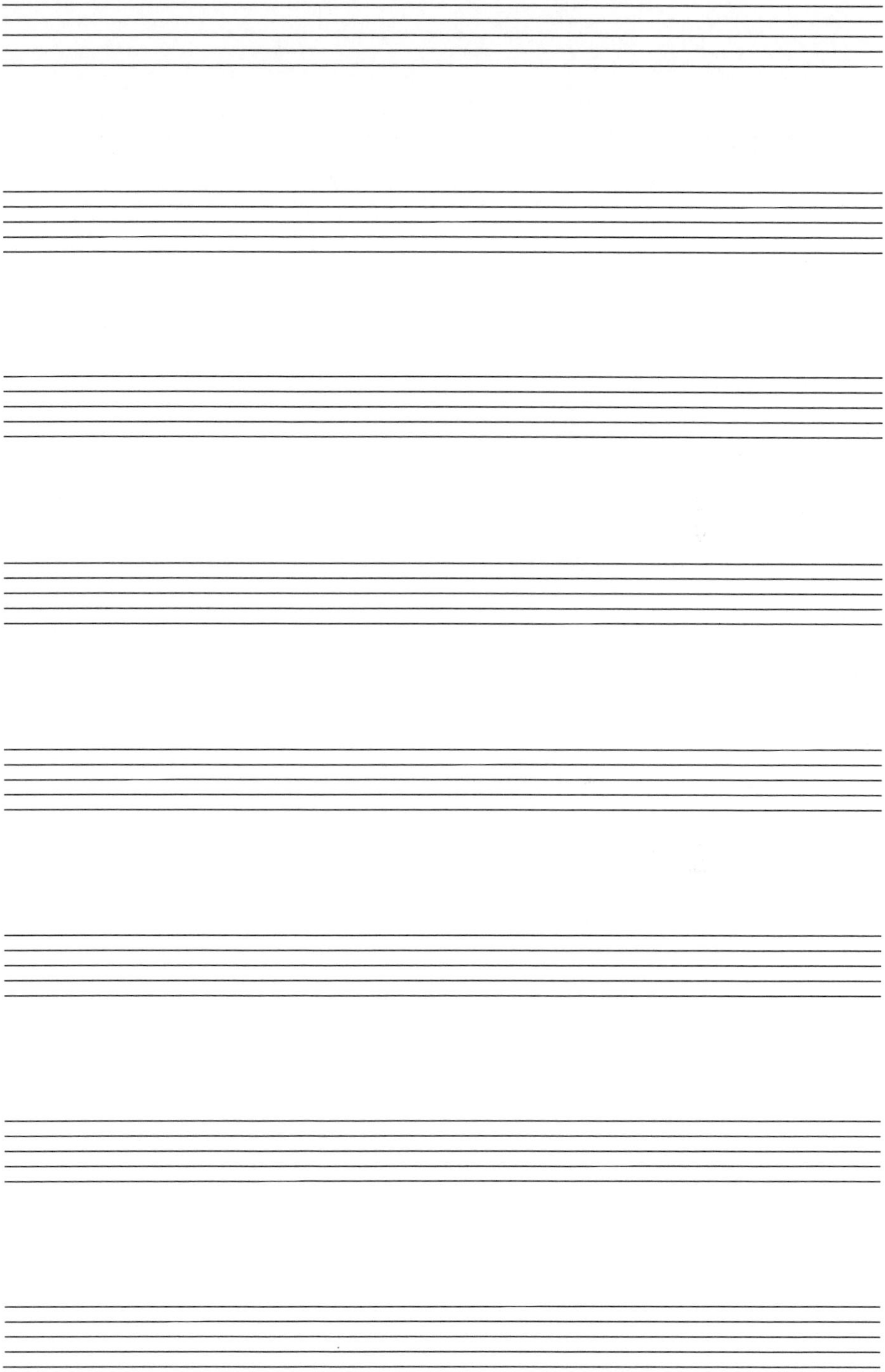

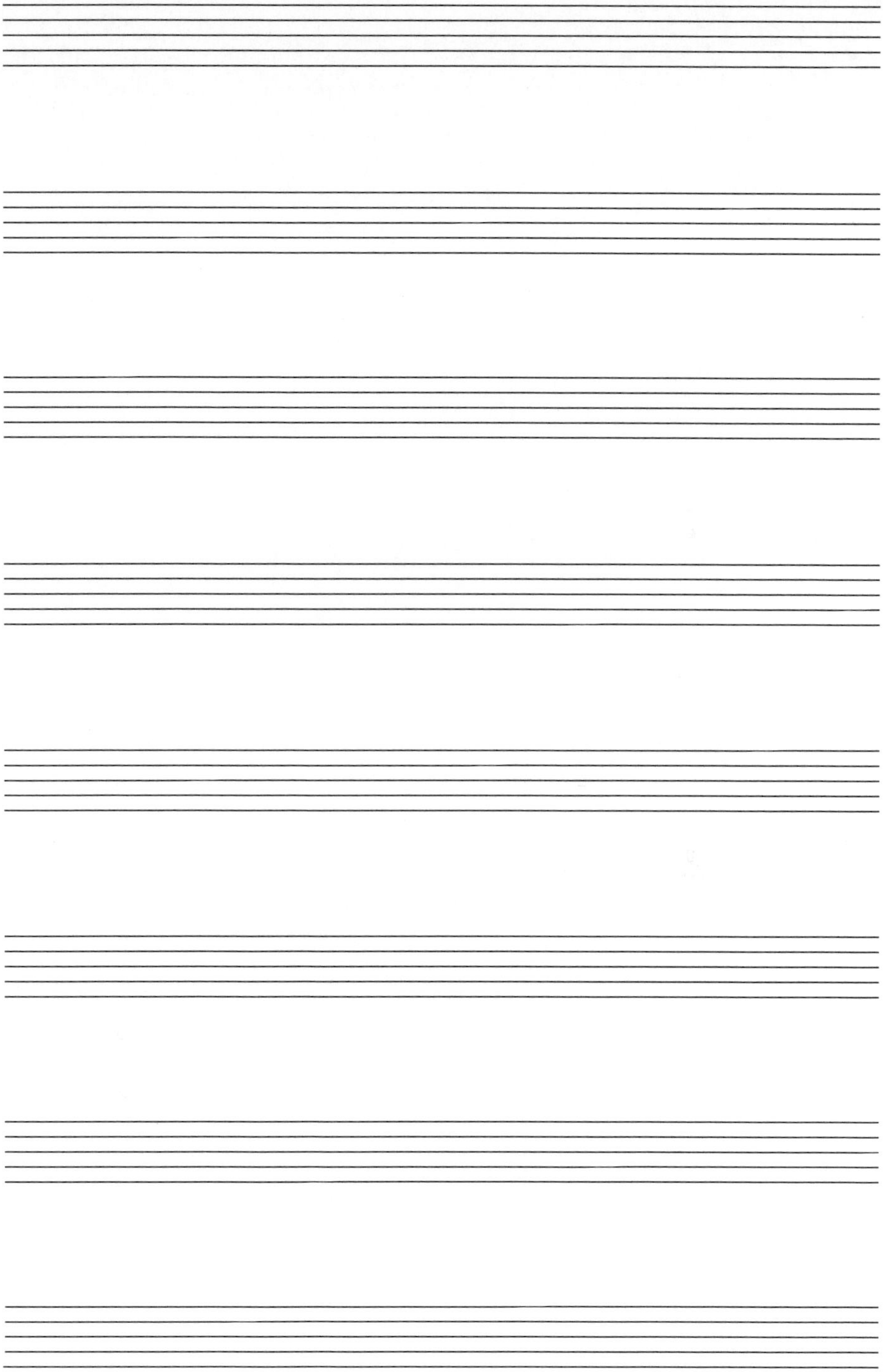

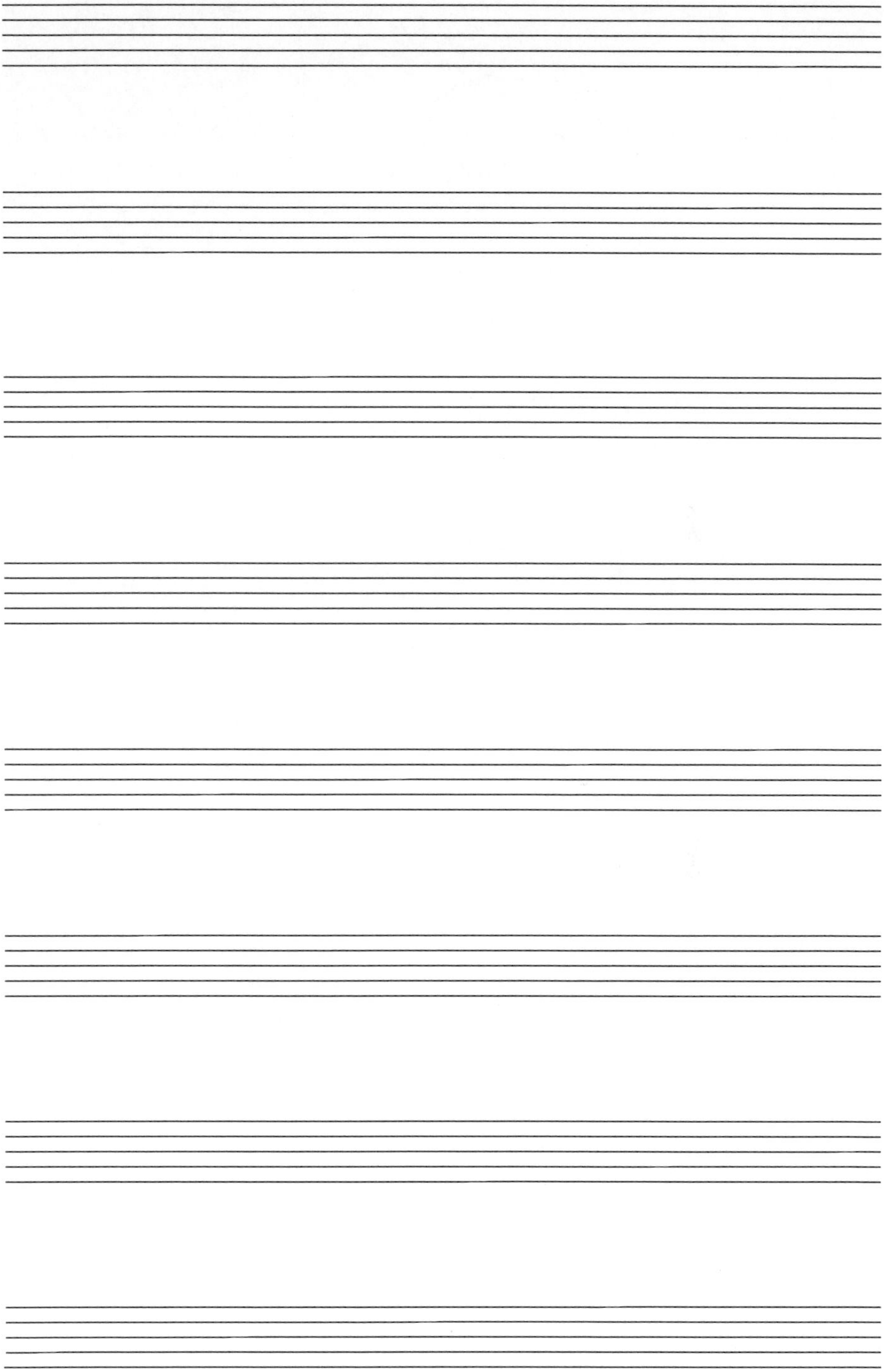

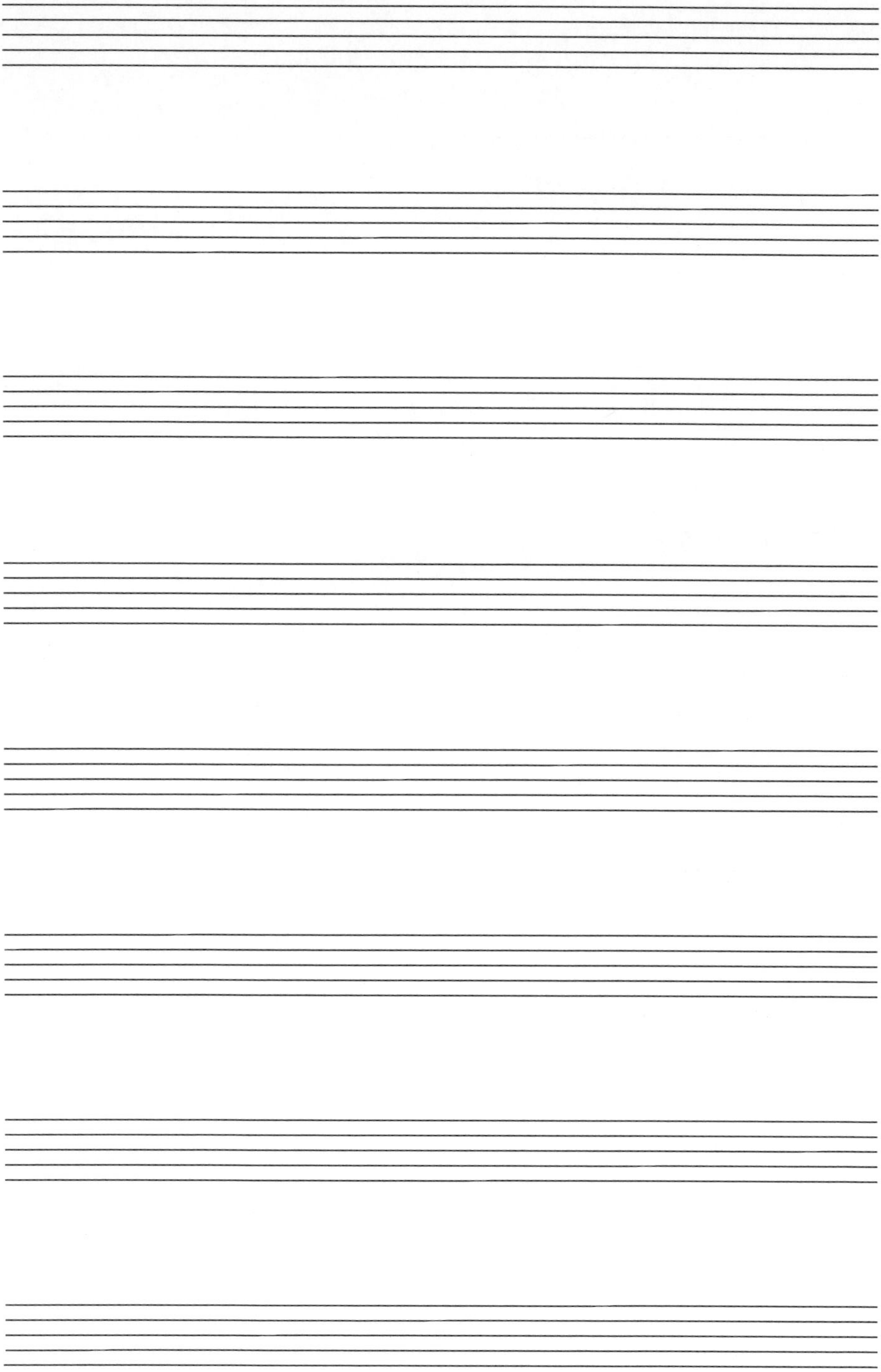

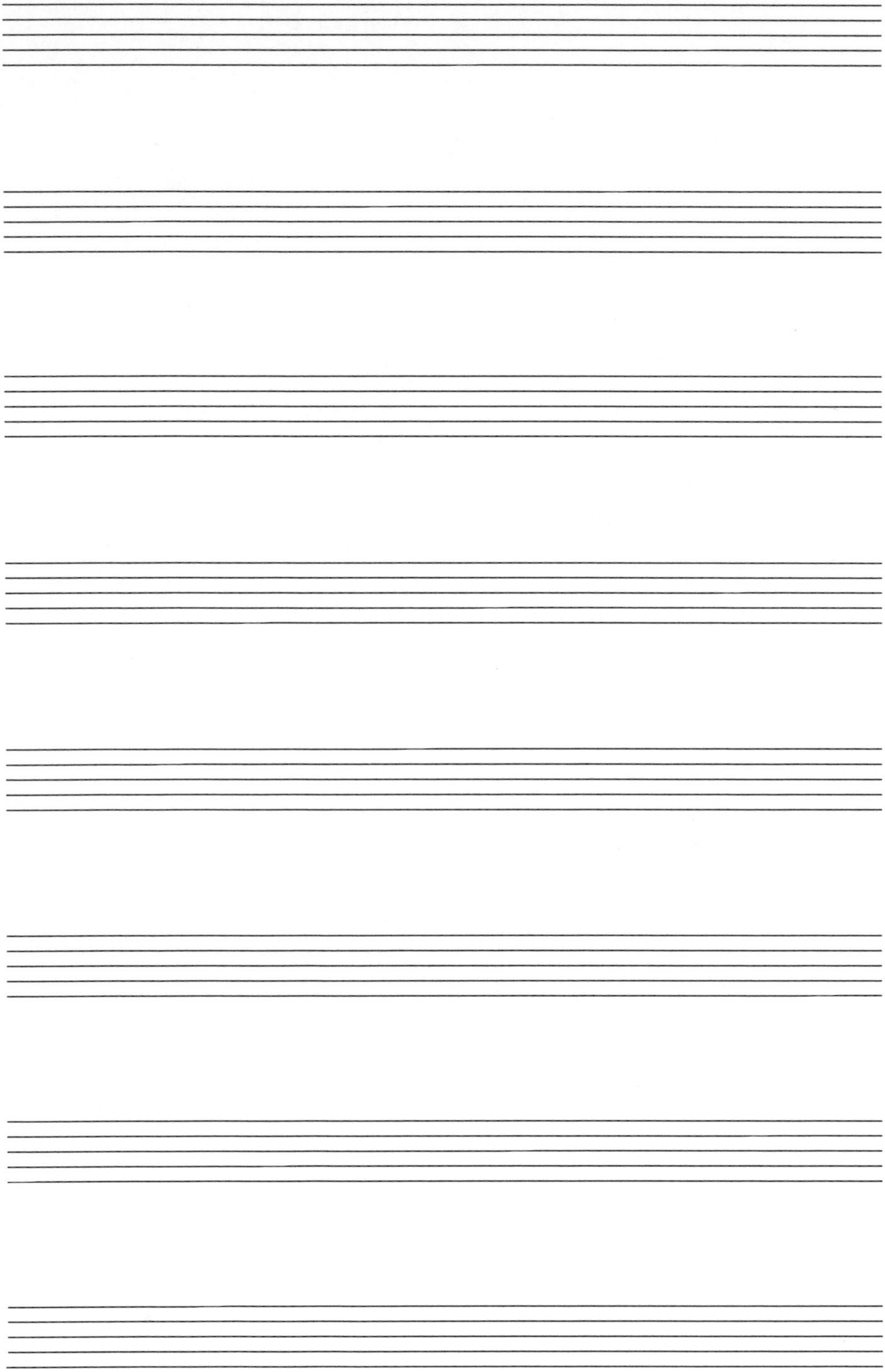

8268057R00061

Printed in Germany
by Amazon Distribution
GmbH, Leipzig